Olaf Perwitzschky

Bergwandern – Bergsteigen

Olaf Perwitzschky

Bergwandern
Bergsteigen

ROTHER BERGVERLAG · MÜNCHEN

Umschlagbild:
Abstieg vom Matterhorn: Den Gipfel in der Tasche, die Beine müde,
der Geist frei. Wer noch die letzte Bahn zurück nach Zermatt
bekommen will, muss sich sputen.

Sämtliche Fotografien stammen von Birgit Gelder

Lektorat: Karin Steinbach Tarnutzer

Layout und Gestaltung: Edwin Schmitt

Grafiken und Skizzen: Erbse Köpf

Reproduktionen: Artilitho, Lavis, Italien

Druck und Bindung: Litotipografia Alcione, Trento, Italien

Die Ausarbeitung aller in dieser Lehrschrift beschriebenen Techniken
und Sicherungsformen erfolgte nach bestem Wissen und Gewissen
des Autors. Dieser und der Verlag können jedoch keine Gewähr für die
Richtigkeit der Angaben übernehmen.

Die sichere Anwendung der hier vorgestellten Techniken lässt sich
nicht allein durch die Lektüre dieses Buches erlernen, sondern nur in
Verbindung mit einem entsprechenden Kurs bei einem qualifizierten
Anbieter (Alpenverein, Bergschule).

4., aktualisierte Auflage 2022
© Bergverlag Rother GmbH, München
ISBN 978-3-7633-6032-1

Inhaltsverzeichnis

Von einem Gipfel aus weiter sehen

In einer Zeit, in der viele Menschen ihren Arbeitstag am Schreibtisch vor dem Computer oder an hoch technisierten Maschinen verbringen, ist es wertvoller denn je, hin und wieder Abstand von diesem Alltag zu suchen – hinaus aus der Enge des Büros, hinaus in die Natur, hinein in die Freiheit. Einen besonderen Reiz üben dabei die Berge aus. Die Möglichkeit, nach getaner »Arbeit« – dem Aufstieg – das Gefühl der Zufriedenheit zu genießen und den Blick ohne Hindernisse über Bergketten schweifen zu lassen, ist sicherlich ein wichtiger Aspekt. Wo sonst kann man schon Hunderte von Kilometern weit sehen?

Die Wildheit der Landschaft ist ein anderer, reizvoller Punkt, gibt es in bewohnten Gebieten doch kaum noch Landschaftsbereiche, in die der Mensch nicht in irgendeiner Form eingegriffen hat. Das ist in den Bergen anders. Zugegeben, auch in den Bergen hat der Mensch seine Spuren hinterlassen. Aber hier sind natürliche und ursprüngliche Landschaftsformen nicht die Ausnahme, sondern die Regel. Selbst (oder gerade) sehr karge und monotone Gegenden üben eine große Faszination aus.

Dass zum Reiz der Berge aber auch der sportliche Aspekt gehört, der Umstand, dass man sich hier anstrengen oder sogar verausgaben muss, ist mehr als legitim. Lange Zeit galten die Berge als Stätte des heroischen Idealismus. Es war verpönt, nur der Leistung wegen in die Berge zu gehen, nicht in erster Linie »das Schöne« zu sehen. Das ist heute anders. Manche sehen den Berg sogar mehr oder weniger nur als Sportgerät. Das ist so lange okay, wie die Natur pfleglich behandelt wird und andere Menschen in ihrem Tun nicht beeinträchtigt werden – warum soll nicht jeder auf seine Fasson glücklich werden?

Es gibt Zeitgenossen, die würden den Menschen am liebsten aus den Bergen (und aus der restlichen Natur) »herausschützen«. Doch nur wer die Natur kennt, kann sie wertschätzen und lieben, und nur wer sie schätzt und liebt, kann und will sie auch schützen. Deshalb ist eher das Gegenteil notwendig: Die Leute müssen hinaus in die Natur, in die Berge, um festzustellen, wie erhaltenswürdig die Umgebung ist, in der sie sich bewegen. Dass ein Tourismus ohne »Begehungsspuren« nicht möglich ist, liegt auf der Hand. Die Frage ist nur: Was zählt mehr? Begehungsspuren (angelegte Wege oder ein paar Haken im Fels) auf der einen Seite oder eine positive Grundeinstellung zur Natur auf der anderen?

Bleibt noch der Aspekt der Gefährlichkeit. In den Bergen lauern Gefahren, das ist unbestreitbar. Sie macht das Bergsteigen aber auch spannend, machen erst einen Teil des Reizes aus. Und schließlich kann jeder, der über das nötige Grundwissen verfügt, den Grad der Gefahr selbst bestimmen, den er bereit ist einzugehen. Wandert man auf breiten, gut markierten und gesicherten Wegen, bleibt das Risiko sehr gering. Überquert man bei schlechten Verhältnissen einen spaltenreichen Gletscher, sieht das schon anders aus. Es hängt von der persönlichen Erfahrung ab, ob man nur bei bestem Wetter hinausgeht oder sich auch mal bei zweifelhaften Verhältnissen vor die Türe wagt und es genießt, die Elemente zu spüren. Was gern vernachlässigt wird: In den Bergen kommt man selbst im Zeitalter von Handy und organisiertem Rettungswesen nicht darum herum, eigenverantwortlich zu handeln. Im Falle eines Notfalls ist bei Weitem nicht immer klar, ob der Helikopter tatsächlich fliegen kann oder ob man mit dem Handy Empfang hat.

Das Schöne an den Bergen ist, dass jeder etwas für sich finden kann. Der Genießer wandert gemächlich zur nächsten Alm und sitzt dort auf der Terrasse in der Sonne. Der Sportliche fährt die eine Hälfte des Weges mit dem Mountainbike und läuft den Rest bis zum Gipfel zu Fuß. Der Extreme hängt in einer steilen Kletterroute und fürchtet sich, weil der letzte Haken schon acht Meter unter ihm ist. Lassen wir jeden das

machen, wozu er Lust hat, ohne mit dem Finger auf ihn zu zeigen – in den Bergen haben wir noch die Möglichkeit dazu.

Dieses Buch möchte Sie dazu motivieren, einen Teil Ihrer Freizeit in den Bergen zu verbringen. Das dazu nötige Basiswissen gibt es Ihnen an die Hand. Trotzdem sollten Sie bedenken: Kein Buch kann die persönliche Erfahrung ersetzen – die können Sie nur vor Ort sammeln. Aber lassen Sie sich überzeugen: Es lohnt sich!

Weilheim, Sommer 2021
Olaf Perwitzschky

Allgemeine Voraussetzungen

Kondition

Wandern und Bergsteigen sind Ausdauersportarten. Beim Wandern liegt die Intensität meist nicht sehr hoch, dafür ist die Dauer der Belastung oft umso länger. Nicht selten dauern Wanderungen oder Bergtouren deutlich mehr als fünf oder sechs Stunden.

Wer eine solche Anstrengung ohne jede Art der Vorbereitung angeht, wird nicht viel Freude daran haben. Man hat in diesem Fall so viel mit sich selbst zu tun, dass man die Schönheit der Umgebung gar nicht wahrnehmen kann. Daher ist es sinnvoll, nicht nur für den Bergurlaub, sondern das ganze Jahr über zu trainieren. Das geschieht am besten mit ähnlich gearteten Belastungen wie denen, die beim Wandern und Bergsteigen auftreten, also – um in der Terminologie der Trainingslehre zu sprechen – lange Trainingseinheiten mit eher geringer Intensität. Es nützt nicht viel, einmal die Woche 20 Minuten ins Fitnessstudio zu gehen. Zielführender sind lange Fahrradtouren, längere Läufe oder auch Walking und Nordic Walking. Wichtig ist es, bei der Energiebereitstellung in den Bereich der Fettverbrennung zu kommen. Sie setzt je nach Trainingszustand und Intensität der Belastung nach etwa 40 Minuten ein und übernimmt in der Folge langsam die komplette Energiebereitstellung. Demnach sind Belastungen von mindestens 60 Minuten sinnvoll. Wenn sie länger dauern, umso besser.

Aber auch wenn man schon im Bergurlaub ist, sollte man nicht direkt »Vollgas geben«. Wer sich etwas Zeit gönnt und zwei Eingehtouren einplant, hat insgesamt mehr davon. Die Eingehtouren dienen zum einen dazu, sich an die körperliche Belastung zu gewöhnen, zum anderen fördern sie, je nach Höhe, auch die Akklimatisation. Anders sieht es bei regelmäßigen Wochenend-Bergsteigern aus. Ist man häufig an den Wochenenden in den Bergen unterwegs, weiß man in der Regel recht gut den eigenen Leistungsstand einzuschätzen. Aber auch diese sogenannten »weekend worrier« – sie haben in der Medizin sogar schon einen eigenen Namen – leiden häufig unter Überlastungssyndromen, weil sie die ganze Woche nichts tun und sich am Wochenende überanstrengen. Auch für sie gilt: Ein gezieltes Training unter der Woche hilft bei der Regeneration von der letzten Tour

Joggen ist eine gute Trainingsform.

Verbessert auch die Koordination: Yoga.

und verbessert die Leistungsfähigkeit für die nächste.

Aber nicht nur die Ausdauer kann verbessert werden, auch die Koordination kann man mit vielen kleinen Übungen im Alltagsleben trainieren. Ob man über Bürgersteigkanten oder (niedrige) Geländer balanciert, sich immer wieder mal auf ein Bein stellt und das Gleichgewicht sucht oder gezielte Koordinationsübungen, vielleicht sogar Yoga macht – bei regelmäßigem Training wird man das spätestens beim nächsten Abstieg durch ein Geröllfeld bemerken.

Ernährung

Mit der Ernährung auf Tour verhält es sich ähnlich wie mit dem Ausdauertraining. Wer sich tagtäglich gesund und bewusst ernährt, wird den positiven Effekt nicht nur an seinem Gewicht spüren – bergauf wiegt jedes Pfund zu viel »doppelt« –, sondern auch an seinem allgemeinen Wohlbefinden und an seiner Leistungsfähigkeit. Auch unterwegs im Gebirge ist es wichtig, dass das Essen schmeckt. Müsli- oder Energieriegel sind gut, aber nicht jedermanns Geschmack. Wem ein Käsebrot lieber ist, der sollte das mitnehmen – wenn es dann noch ein Vollkornbrot ist, umso besser. Denn am Berg sind komplexe Kohlenhydrate gefragt, also langkettige Zuckermoleküle, wie sie vor allem in Getreideprodukten, Nudeln und Reis, aber auch in Kartoffeln enthalten sind. Kurzkettige Zuckerbausteine in Form von Süßigkeiten stellen zwar schnell viel Energie bereit, müssen aber auch schnell »nachgelegt« werden. Man kann das sehr gut mit einem Feuer vergleichen: Einfachzucker sind wie Papier. Will man damit ein Feuer am Brennen halten, muss man ständig neues Papier ergänzen. Legt man hingegen ein Buchenholz (es steht für komplexe Koh-

Gut auf Tour: Trockenobst.

Aber bitte nur den kleinen Gipfelschluck.

lenhydrate) aufs Feuer, hat es eine lange Brenndauer, man muss nicht so schnell nachlegen.

Obst für unterwegs ist eher problematisch, weil es schwer ist und auf den Transport im Rucksack meist empfindlich reagiert. Gut geeignet ist Trockenobst – aber Vorsicht: Zu viele Aprikosen oder Pflaumen können auch schnell eine unerwünschte Wirkung auf die Verdauung haben. Das sollte man vermeiden, denn wer auf Tour Durchfall bekommt, verliert viel Flüssigkeit und ist geschwächt. Deswegen auf Tour keine Experimente!

Für das Trinken gilt Entsprechendes wie beim Essen: Alkoholabstinenz im Alltag wird man schnell an seiner allgemeinen Leistungsfähigkeit ablesen können. Und auf Tour hat Alkohol generell nichts zu suchen – wobei gegen einen kleinen »Gipfelschluck« sicherlich nichts einzuwenden ist. Was und wie viel auf Tour getrunken werden sollte, finden Sie im Kapitel »Tourenplanung« (S. 36).

Ausrüstung

Heutzutage steht dem Bergwanderer und Bergsteiger die beste Ausrüstung zur Verfügung, die es jemals gab. Die Produkte werden immer ausgereifter, immer leichter, immer stabiler und immer wärmender, auf der anderen Seite aber auch immer teurer.

Grundsätzlich sollte man bedenken, dass die Ausrüstung allein noch keinen guten Bergsteiger ausmacht. Sie ist das Fundament für eine genussreiche und sichere Zeit in den Bergen, aber sie kann persönliche Er-

Leichte, technisch ausgereifte Bekleidung ist hilfreich.

fahrung nicht ersetzen. Gerade bei technischer Ausrüstung wie Kletter-steigsets, Steigeisen oder Sicherungsgeräten ist schon für den richtigen Gebrauch Anleitung und Übung notwendig. Da ist es sinnvoll und hilf-reich, die Ausrüstung daheim im Keller, in der Kletterhalle vor Ort oder im Klettergarten erst einmal kennenzulernen, bevor man sie mit »auf große Fahrt« nimmt. Das gilt insbesondere für neuartige Ausrüstung wie GPS-Geräte. Denn nur wenn man die Technik blind beherrscht, kann man auch im Ernstfall damit umgehen.

Bei der Ausrüstung gibt es viele Bereiche, die dem Aspekt des Ge-schmacks unterliegen. Deshalb ist in der nachfolgenden Aufzählung, die auf den Erfahrungen des Autors beruht, durchaus Spielraum für individu-elle Vorlieben – es handelt sich nicht um das allein selig machende Equipment!

Bekleidung

Socken: Sie sind ein unter Bergsteigern immer wieder heiß diskutiertes Thema. Letztendlich muss jeder für sich ein System finden, das funktio-niert. Grundsätzlich sagt man heutzutage, dass zwei Paar Socken Bla-sen eher fördern. Aber es gibt Leute, die schwören auf die Doppelsocke. Einen guten Komfort erreicht man in Bergschuhen mit Socken, die einen hohen Wollanteil (70 Prozent oder mehr) aufweisen. Wolle hat eine gute Feuchtigkeitsaufnahme und kann so den Schweiß aufnehmen, der nicht durch den Pumpeffekt aus dem Schuh transportiert wird. Sinnvoll sind auch Socken von Spezialanbietern. Mit Tennissocken in Bergschuhen zu gehen, schafft eher Probleme. Spezialsocken sind an den Stellen ge-polstert, wo besonders viel Druck auftritt (Ferse, Ballen), und haben meist einen ausgeklügelten Materialmix.

Im Sommer oder unter besonders heißen Bedingungen kann es von Vorteil sein, Socken mit einem hohen Kunstfaseranteil zu benutzen, durch den die Feuchtigkeit weg vom Fuß transportiert wird (sofern die Schuhe luftig genug sind, um die Feuchtigkeit weiterleiten zu können).

Grundsätzlich ist darauf zu ach-ten, dass die Füße möglichst tro-cken bleiben, denn nasse und in der Folge aufgeweichte Füße nei-gen viel schneller zur Blasenbil-dung als trockene Füße. Auf län-geren Touren ist es immer ratsam, ein paar Ersatzsocken dabeizuha-ben.

Hose: Jeans sind so ziemlich das Unzweckmäßigste, was es für die Berge gibt. Sie sind recht schwer und steif, nehmen viel Feuchtig-

Wärmstens empfohlen: Funktionssocken.

keit auf und trocknen nur langsam. Aber auch das andere Ende der Ausrüstungsskala ist bei normalen Bergtouren wenig sinnvoll: An einem Tag ohne Wolke am Himmel muss man nicht in einer Gore-Tex-Latzhose unterwegs sein – für diesen Einsatz ist sie auch nicht gemacht.

Eine moderne Berghose besteht aus einem leichten, robusten und schnell trocknendem Material. Sie ist oftmals wasserabweisend – sollte aber nicht wasserdicht sein – und in gewissem Maße elastisch. Je nach Jahreszeit (Herbst, Winter) ist es unter Umständen ratsam, dass die Hose winddicht ist. Sinnvolle Details machen den Unterschied zwischen einer Berghose und einer guten Berghose aus, bei-

Beispiel einer funktionellen Berghose.

spielsweise Verstärkungen an Knie, Gesäß und Beininnenseite, kleine Gürtelschnallen (wichtig, wenn der Gurt darüber läuft), sinnvoll platzierte Taschen, eine Beinweitenregulierung, ein funktioneller Schnitt, eventuell eine Belüftung. Für Winterhosen kann es durchaus Sinn machen, dass sie eine integrierte Gamasche haben.

Als Ergänzung für eine funktionelle Berghose kann eine leichte Überhose dienen. Sie ist relativ preiswert, sehr leicht und klein verpackbar. Ein durchgehender seitlicher Reißverschluss erleichtert das An- und Ausziehen. Wenn das Wetter echte Kapriolen schlägt, ist man mit der Überhose für 99 Prozent der Bedingungen gewappnet.

Unterwäsche (»1. Lage«): Auch bei der Unterwäsche scheiden sich die Geister. Da gibt es die absoluten Fans von Funktionstextilien, die auf alle Arten von »Plastik« schwören. Dann gibt es die Befürworter von Naturmaterialien, die nichts

Bei der Unterwäsche: Bitte keine Baumwolle.

anderes an ihre Haut lassen als die reine Natur. Und dann gibt es noch die Traditionalisten, die wie vor Jahrzehnten mit dem karierten Hemd auf den Berg gehen. Jeder kann bedient werden, und doch ist er sinnvoll gekleidet.

Die letzten Jahre oder gar Jahrzehnte waren geprägt von Funktionswäsche aus Kunstfasern. Diese Textilien sorgen dafür, dass die Feuchtigkeit von der Haut wegtransportiert wird und man auf der Haut halbwegs trocken ist. Schwitzen hat allerdings eine physiologische Bedeutung: Der Körper soll gekühlt werden. Eigentlich macht es also wenig Sinn, den Schweiß, der ja kühlen soll, möglichst schnell abzutransportieren. Ein weiterer Nachteil von Kunstfaserhemden ist, dass sie meist schon nach einmaligem Gebrauch so unangenehm nach Schweiß riechen, dass man sie nicht mehr gern anzieht. Daran haben auch alle möglichen neuen Formen von Beschichtungen oder eingewobenen Silberfäden nicht wirklich etwas geändert.

Der Vorteil der Kunstfaser ist der schnelle Feuchtigkeitstransport. Das kann in Situationen, wo man sonst vielleicht zu frieren beginnen würde, durchaus Sinn machen. Und, ganz entscheidend: Kunstfaserhemden trocknen sehr schnell, weil das Material kaum Feuchtigkeit aufnimmt. Aber selbst innerhalb der Kunstfasern gibt es wieder deutliche Unterschiede. Das am häufigsten verwendete Material ist Polyester. Es ist bestens geeignet für Funktionswäsche, bei 95 Grad waschbar, elastisch und angenehm zu tragen. Bei reinen Polypropylenhemden hat man schon eher ein »Plastik«-Gefühl. In Kombination mit anderen Materialien oder für ganz spezifische Einsatzbereiche ist aber auch Polypropylen teilweise sehr gut.

Kunstfaser (PE, PES, PP)

☺	
☺ leicht	☹ Kunststoff auf der Haut
☺ angenehmes Tragegefühl	☹ riecht schon nach kurzem Tragen unangenehm
☺ trocknet sehr schnell	
☺ elastisch	☹ kann unter Umständen der physiologischen Funktion des Schwitzens entgegenwirken
☺ teilweise bei 95 Grad waschbar (Pflegeanleitung des Herstellers beachten)	

Wenn man aber keine Kunstfaser auf der Haut mag? Wolle ist seit kurzer Zeit wieder stark im Kommen. Natürlich, Wolle gab es schon immer, aber spätestens wenn man ins Schwitzen geriet, kratzten Wollhemden früher äußerst unangenehm. Das ist anders, seit eine besonders fein verarbeitete Merinowolle zum Einsatz kommt. Kleidungsstücke aus Merinowolle tragen sich auf der Haut wie ganz normale T-Shirts – allerdings gibt es Unterschiede in der Qualität der Merinowolle. Wolle nimmt sehr viel Feuchtigkeit auf und trocknet langsam, wärmt aber auch noch in nassem Zustand und hat einen riesigen Vorteil: Sie riecht erst nach tagelangem

Dauereinsatz unangenehm. Somit ist Wolle für alle Einsätze prädestiniert, bei denen man nicht übermäßig schwitzt.

Merinowolle

☺ angenehmes Tragegefühl
☺ Natur auf der Haut
☺ riecht nicht so schnell unangenehm
☺ wärmt auch in nassem Zustand
☺ dehnbar

☹ nimmt viel Feuchtigkeit auf
☹ trocknet langsam
☹ nur bei 30 bis 40 Grad waschbar

Egal ob Wolle oder Kunstfaser: Ein Ersatzhemd sollte auf jeder Tour dabei sein. Denn jedes nasse Hemd ist unangenehm, wenn man im Wind steht oder sich nicht mehr so intensiv bewegt. Da ist es einfach immer noch das Beste, sich ein trockenes Hemd anzuziehen.

Isolierschicht (»2. Lage «): Die zweite Bekleidungslage ist die wärmende Schicht. Sie isoliert und muss so funktionieren, dass sie das Zwiebelprinzip nicht behindert oder blockiert. Ein Baumwoll-Sweatshirt wäre denkbar ungeeignet, denn es würde die Feuchtigkeit, welche die Unterwäsche vom Körper wegtransportiert, aufsaugen, anstatt sie nach draußen zur Jacke bzw. zur Membran weiterzuleiten.

Welcher Art die zweite Schicht sein sollte, variiert stark mit den Jahreszeiten. Im Sommer fällt sie oft ganz weg, im Herbst und Frühjahr ist sie meist ein dünnes Bekleidungsteil (Microfleece), und im Winter kann sie mitunter eine warme Isolierjacke sein oder sogar aus mehreren Schichten bestehen. Sinnvoll sind hier alle Arten von Fleece. Dem Tragekomfort bzw. dem Hautgefühl kommt bei der zweiten Schicht nicht mehr so viel Bedeutung zu, da man die Bekleidung ja nicht direkt auf der Haut trägt, höchstens an den Armen. Je nach individuellem Empfinden sind hier auch Westen sinnvoll. Wenn es draußen kalt ist, verrichten leichte, kunstfasergefütterte Bekleidungsstücke gute Arbeit. Eine sehr hochwertige Isolierung hierbei ist »Primaloft«. Weniger sinnvoll sind Schichten mit Membranen (winddichtes Fleece), weil

Optimale Kombination: Funktionsshirt und Softshell-Jacke.

Hardshell, wenn sie nötig ist.

beim Einsatz einer Hardshell (Überjacke) dann zwei Membranen übereinanderliegen, womit der Wasserdampfdurchgang – in der Werbesprache die »Atmungsaktivität« – stark eingeschränkt würde.

Schutzschicht (»3. Lage «): Die dritte Lage ist vor allem eine Schutzschicht vor Witterungseinflüssen wie Wind, Regen und Schnee. Außerdem bildet sie meist die äußerste Schicht und muss somit auch robust sein. Seit einiger Zeit werden die Jacken in Softshell- und Hardshell-Jacken unterteilt. Softshells sind hochwertige Fleece-Jacken mit einer glatten, robusten Außenschicht und umfangreichen Schutzfunktionen.

Sie sind in der Regel winddicht und wasserabweisend, nicht aber wasserdicht. Ob man sie nun zur zweiten oder zur dritten Bekleidungsschicht dazurechnet, kommt auf die Ausführung an (mit Membran oder ohne, winddicht oder nur windabweisend).

Softshell-Jacken haben einen weiten Einsatzbereich. Solange es nicht in Strömen regnet, sind sie eine sehr universelle Bekleidung und für wechselnde Bedingungen optimal geeignet. Oftmals können sie eine teure und schwere Überjacke ersetzen und werden nur noch durch eine dünne und leichte Regenjacke ergänzt, die angezogen wird, wenn es richtig regnet.

Hardshells (oder Anoraks) sind im klassischen Sinne Überjacken. Noch vor kurzer Zeit wurden vom Handel für den Bergsteiger hauptsächlich Hardshells angeboten, die für den Weltuntergang gemacht waren: groß, steif, schwer und sehr teuer. Im Zeitalter des Leichtgewichts hat man sich darauf besonnen, dass bei ganz schlimmem Wetter sowieso niemand mehr vor die Türe geht. Also sind die Jacken deutlich leichter und flexibler geworden, allerdings nicht unbedingt billiger.

Man sollte Hardshells grundsätzlich nur dann anziehen, wenn man sie auch braucht. Manchmal sieht man Bergsteiger in dicken Überhosen und -jacken herumlaufen, obwohl keine Wolke am Himmel zu sehen ist. Das ist unnötig und unkomfortabel. Für solche Bedingungen gibt es zweckmäßigere Bekleidung, die Hardshell gehört da in den Rucksack. Deshalb sollte man darauf achten, dass sie klein und leicht ist. Mehr als 300 bis 500 Gramm muss eine Hardshell nicht wiegen.

Handschuhe/Mütze: Was im Vergleich zur restlichen Bekleidung nur eine Kleinigkeit erscheint, ist für den Komfort am Berg oft ausschlaggebend. Um wie viel mehr kann man eine Tour genießen, wenn man nicht ständig gegen kalte Hände ankämpfen muss! Sehr geeignet sowohl für Mützen als auch für Handschuhe sind winddichte Fleece-Materialien (Windstopper). Sie sind vielseitig einsetzbar und halten die Hände und den Kopf auch noch bei einigen Minusgraden warm. Dadurch, dass sie nicht so dick sind, kann man mit Fleece-Handschuhen die wichtigsten Tätigkeiten noch sehr gut ausführen (Knoten knüpfen, Reißverschlüsse öffnen etc.).

Erst wenn es richtig kalt wird, sollten zumindest die Hände dicker eingepackt werden. Ob man hierbei zu Handschuhsystemen aus einem Innenhandschuh mit dazu passendem Außenhandschuh greift oder einen Einfachhandschuh nimmt, ist Geschmackssache. Fürs Handling besser bewährt haben sich Einfachhandschuhe. Ist es für die Fleece-Handschuhe zu kalt oder sind diese nass, werden sie weggepackt und durch trockene, warme Handschuhe aus dem Rucksack ersetzt. Das ist besser, als einen Überhandschuh über den nassen Fleece-Handschuh zu ziehen.

Sehr zweckmäßig, leicht und auch noch preiswert sind Stirnbänder aus winddichtem Fleece. Sie halten die Ohren und die Stirn warm und reichen für die meisten Herbst- und Frühjahrstouren aus.

Eine Mütze sollte über die Ohren reichen.

Schuhe

Schuhe sind ein sehr schwieriges Ausrüstungsthema. Es gibt sehr viele sehr gute Schuhe – aber was hilft der technisch beste Schuh, wenn er nicht passt? Die schönste Bergtour wird einem schnell verleidet, wenn der Schuh drückt oder man sich Blasen läuft. Das wichtigste Kriterium für Wander- und Bergschuhe ist daher, dass sie passen.

Früher mussten Schuhe mühsam und schmerzvoll eingelaufen werden. Das ist heute nur noch bei Schuhen mit Lederinnenfutter der Fall. Die meisten Schuhe haben textile Innenfutter, die nicht eingegangen werden müssen. Viele Bergschuhe sind mit einer Membran ausgestattet, die meisten hochwertigen Schuhe mit Gore-Tex. Das macht für fast alle Bergschuhe durchaus Sinn. Gab es früher mit Membranen in Schuhen Probleme, ist das heute technisch kein Problem mehr. Und auch das Fußklima ist in Schuhen mit Membran nicht deutlich anders als in Schu-

Niedriger, leichter Wanderschuh.   Bedingt steigeisenfester Bergschuh.

hen ohne. Dafür bleiben Membranschuhe wirklich sehr lange trocken. Wenn überhaupt, kommt die Feuchtigkeit meist von oben.

Wie gesagt, der wichtigste Aspekt bei Bergschuhen ist die Größe. Man sollte auf keinen Fall in zu kleinen Schuhen unterwegs sein. An der Zehenspitze muss mindestens ein Fingerbreit Platz sein (also etwa 12 bis 15 Millimeter). Beim steilen Bergabgehen dürfen die Zehen nicht die Schuhspitze berühren. Eine Möglichkeit der Längenprüfung ist, die Sohle herauszunehmen und sich daraufzustellen.

Leichtere Bergschuhe / Wanderschuhe: Zum normalen Wandern sind nicht zu schwere Trekking- oder Wanderschuhe bestens geeignet. Sie sollten über den Knöchel reichen und eine gutgriffige Sohle haben. Wichtig ist der Abrollkomfort. Reine Wanderschuhe dürfen nicht zu steif sein. Auch das Obermaterial ist flexibler als bei festeren Schuhen – mit dem Vorteil, dass sich bei diesen Schuhen bei Druckstellen eher der Schuh dem Fuß anpasst als umgekehrt.

Feste Bergschuhe – auch für Steigeisen: Wer sich im Hochgebirge und auf Schnee und Eis bewegen will, der sollte mit festerem Schuhmaterial antreten. Zum einen braucht der Schuh mehr Schutz vor äußeren Einflüssen wie etwa Steine, zum anderen muss aber auch die Sohle stabiler und steifer sein. Will man sich die Benutzung von Steigeisen offenhalten, sollte man zumindest bedingt steigeisenfeste Schuhe wählen. Zwar kann man mit modernen Steigeisenbindungen auch an leichten Wanderschuhen Steigeisen befestigen, aber das empfiehlt sich nur für den kurzen Einsatz beim Queren von Schneefeldern, nicht für den längeren Gebrauch. Haben die Schuhe hinten an der Ferse eine Aufnahmemöglichkeit für Kipphebelbindungen, ist man sicherlich gut beraten. An der Schuhspitze ist das bei modernen Schuhen nicht mehr unbedingt nötig; auch ohne den ausgeprägten Sohlenrand lassen sich die Steigeisen zuverlässig am Schuh befestigen (vgl. den Abschnitt »Steigeisen«, S. 23).

Hardware

Rucksack: Beim Rucksack ist die häufigste Frage die nach der richtigen Größe. Man kann sie leider nicht pauschal beantworten, da man natürlich für eine Tageswanderung einen kleineren Rucksack braucht als für eine mehrtägige Hüttentour. Grundsätzlich ist ein Rucksack mit etwa 35 Liter Volumen sehr universell einsetzbar. Auf Tageswanderungen wackelt er bei dieser Größe nicht unförmig auf dem Rücken herum, und auch für Wochenendtouren reicht er in aller Regel aus. Wenn das Modell eine sogenannte Extension hat (die Herstellerangaben lauten dann beispielsweise 35 + 8) und man sehr bedacht auswählt, was mitgenommen werden muss,

Funktioneller Allround-Rucksack.

kann man sogar auf Wochentouren damit auskommen. Der Vorteil eines kleineren Rucksacks ist, dass man nicht dazu verleitet wird, unnötig viel einzupacken. Ist im Rucksack hingegen noch Platz, stopft man gern noch etwas hinein – meist eben genau das, was dann zu viel ist.

Wer viele unterschiedlich lange Touren macht, ist gut beraten, sich zwei verschiedene Rucksäcke anzuschaffen. Mit einem 25-Liter- und einem 40-Liter-Modell sind die größten Einsatzbereiche abgedeckt. Der Rucksack sollte nicht mit technischen Raffinessen überladen sein – das erhöht nur sein Eigengewicht, und die vielen Bändel und Ösen stören oft mehr, als dass sie etwas bringen. Ob man ein Modell mit Rückenbelüftung (Netzrücken) wählt oder einen Rucksack, der am Körper anliegt, ist Geschmackssache. Modelle mit Netzrücken belüften besser, nah anliegende Modelle wackeln weniger und bringen einen nicht so leicht aus dem Gleichgewicht.

Helm: Bei Helmen hat sich in den letzten Jahren sehr viel getan. Früher waren Kletter- und Bergsteigerhelme monströse Gebilde, die schwer und unbequem waren und ausgenommen unvorteilhaft aussahen. Moderne Kletterhelme wiegen zwischen 240 und 400 Gramm und sind für den Laien oftmals nicht mehr von einem Radhelm zu unterscheiden. Die »In-Mold-Technik« ermöglicht, auch Bergsteigerhelme aus einer Art Styropor zu machen. Diese Modelle sind leicht und sicher, haben allerdings den Nachteil, dass sie empfindlich auf mechanische Belastungen reagieren. Die meisten Schäden entstehen, weil sich der Besitzer auf den

Ein moderner und stabiler Helm.

Helm setzt. Der andere Helmtyp ist der Hartschalenhelm, der ebenfalls deutlich leichter und bequemer zu tragen ist als frühere Helme, aber etwas mehr wiegt als ein Styroporhelm. Dafür ist er beim Transport deutlich stabiler und meist um einiges preiswerter. Vom Aspekt der Sicherheit her liegen beide Helmtypen auf gleich hohem Niveau.

Gurt: Der Anseilgurt ist das Bindeglied zwischen dem Bergsteiger und dem Seil. Aus heutiger Sicht mutet es fast gruselig an, wenn man bedenkt, dass sich die Bergsteiger früherer Zeiten nur mit dem Seil um den Bauch eingebunden haben. Ein Sturz war immer mit der Gefahr ernsthafter Verletzungen mit oftmals tödlichen Folgen verbunden. Man hatte sozusagen die Wahl, unangeseilt durch den Absturz oder angeseilt durch die Folgen des Sturzes umzukommen.

Heutige Gurte sind ausgeklügelte Systeme. Der Hüftgurt ist absoluter Standard, ein Kombigurt macht nur noch bei kleinen Kindern Sinn. Ob man den Hüftgurt in Verbindung mit einem Brustgurt verwendet, ist ein alter Streitpunkt. Neuere Untersuchungen haben gezeigt, dass es keine signifikanten Unterschiede bei der Art und der Schwere von Verletzun-

Leichter, bequemer und vollverstellbarer Klettergurt.

gen in Abhängigkeit von der Anseilart gibt. Ein zusätzlicher Brustgurt macht beim Klettern in leichterem Gelände (keine freie Flugbahn) und beim Gehen (am Gletscher) mit einem schweren Rucksack Sinn.

Beim Kauf eines Hüftgurtes sollte man als Alpinist darauf achten, dass er verstellbare Beinschlaufen hat, die man jeweils an den von der Bekleidung abhängigen Umfang der Beine anpassen kann. Dann tut es ein Gurt für alles, vom Klettern in der Halle bis zur winterlichen Skitour. Eine weitere feine Sache sind Slide-Block-Schnallen. Bei ihnen ist die Verstellung sehr einfach; es muss nicht zurückgefädelt werden, wie das bei normalen Schnallen der Fall ist.

Das Gewicht des Gurtes ist nicht ganz so maßgeblich, die Unterschiede sind relativ gering. Wichtiger ist es, den Gurt vor dem Kauf hängend ausprobiert zu haben – nicht jeder Gurt passt jedem Menschen.

Steigeisen: Für leichte Gletschertouren sind zehn- oder zwölfzackige Steigeisen angebracht. Sie sind unkompliziert in der Bedienung, relativ leicht und vielseitig anwendbar. Die Anordnung der Zacken ist bei diesen Steigeisen auf die Bedürfnisse in nicht zu steilem Gelände abgestimmt. Steigeisen zum Eisklettern sind beispielsweise für normale Hochtouren nicht geeignet. Eine entscheidende Frage ist das Material: Sollte man auf die leichteren Modelle aus Aluminium ausweichen? Davon kann man für Sommertouren fast generell abraten. Alu-Steigeisen machen im Winter für den Skitourengeher Sinn, der einen steilen Firnhang begeht. Im Sommer dagegen sind sie wenig ratsam. Denn Aluminium ist weicher als Eisen; geht man ab und an einige Meter über Schutt und Steine (was im Sommer oft vorkommt, man kann nicht jedes Mal die Steigeisen ablegen), werden die Zacken schnell stumpf und dringen nicht mehr in das Eis ein.

Ein besonderes Augenmerk sollte man auf die Bindung legen. In aller

Zwölfzackiges Allroundsteigeisen.

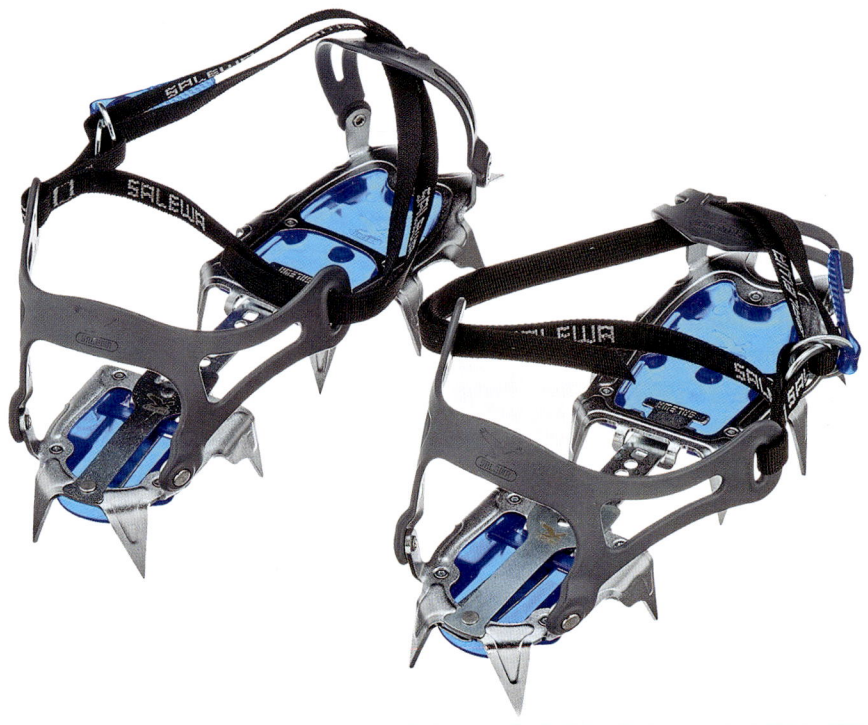

Steigeisen mit Antistollplatte und Körbchenbindung.

Regel werden Allround-Steigeisen mit drei Bindungsvarianten angeboten: als reine Schnellverschlusseisen mit Bügel vorne und Hebel hinten, als Mischform mit Körbchen vorne und Hebel hinten oder mit Körbchen vorne und hinten. Man muss auf jeden Fall darauf achten, dass das Bindungssystem auf den Schuh passt. Für weichere Wanderschuhe kommt nur die letzte Form in Frage, mit dem Vorteil, dass sie auch mit steiferen Schuhen verwendet werden kann. Für Schuhe mit einem Sohlenrand hinten – heute oftmals der Fall – ist die Mischform sehr gut. Nur ganz steife Schuhe vertragen sich mit Steigeisen mit einer reinen Schnellverschlussbindung.

Ein weiterer sehr wichtiger Aspekt: Alle neu gekauften Steigeisen sollten eine Antistollplatte haben, die das Anstollen von Schnee unter den Steigeisen verhindert. Das Ausrutschen auf Stollen ist eine häufige Unfallursache – die Bergführer von Chamonix nehmen Gäste, die keine Antistollplatte haben, gar nicht mehr mit. Leider gibt es noch immer Hersteller, die Steigeisen serienmäßig ohne Antistollplatte anbieten.

Pickel: Moderne Pickel haben einen Schaft aus Aluminium und einen Pickelkopf aus Eisen. Es gibt auch Ultraleichtpickel mit Aluminiumkopf, die aber für den Einsatz auf ernsthaften Hochtouren nicht geeignet sind. Pickel unterliegen einer Norm. Es gibt zwei Arten von Pickeln, die unterschiedlichen Kriterien genügen müssen: Pickel der Kategorie T (technische Pickel) und solche der Kategorie B (Basispickel). Für anspruchsvolle Hochtouren kommen nur T-Pickel in Frage, B-Pickel sind für Gletscherwanderungen und Skitouren gedacht.

Früher waren Pickel sehr lang und schwer. Heute beträgt die Standardlänge etwa 55 bis 70 Zentimeter. Der Pickel muss in mäßig steilem Gelände gut bis auf den Boden reichen. Ein Dorn am Ende (nicht zu spitz – Verletzungsgefahr!) ist solider und langlebiger als nur ein schräg abgeschnittenes Rohr. Ob der Schaft gekrümmt ist (wie man es neuerdings oft sieht) oder nicht, ist nicht entscheidend. Ein Eisgerät zum Steileisklettern hat auf normalen Hochtouren nichts verloren und ist wenig hilfreich, auch wenn man manchmal »Möchtegern-Extreme« selbst auf harmlosen Gletschertouren mit einem Eisgerät in den Händen sieht.

Seil: Für Steige oder Gletscherwanderungen, bei denen ein Seil benötigt wird, gilt es abzuwägen, wofür das Seil sonst noch eingesetzt werden soll. Können bei allen Einsatzbereichen keine freien Stürze vorkommen, kann man ohne Weiteres ein leichtes und recht dünnes Gletscherseil verwenden. Das hat ca. 8 Millimeter Durchmesser und ist im Handel in fast allen Längen zu haben. Es wiegt weniger als sogenannte Einfachseile, die zwischen 9 und 11 Millimeter dick sind.

Für Leute, die auch ab und an zum Klettern gehen, stellt sich die Frage, ob sie das schwere Einfachseil mit auf Hochtouren nehmen sollen. Eine sehr gute Kompromisslösung ist ein 60 Meter langes Halbseil (ca. 8,5 Millimeter dick). Bewegt man sich in Gelände, in dem Stürze vorkommen können (beispielsweise an Graten), nimmt man das Seil doppelt. Geht man auf dem Gletscher oder in einfachem Gelände, benutzt man es im einfachen Strang. Zusätzlicher Vorteil: An Abseilstellen hat man 30 Meter Abseillänge (halbes Seil) zur Verfügung.

Tourenplanung

Allgemeines

Wer eine Bergtour unternimmt, muss diese zuvor planen. Die Planung kann mehr oder weniger gründlich ausfallen, aber auch eine schlechte oder unzureichende Planung ist eine Planung. Grundsätzlich gib es unterschiedliche Herangehensweisen an die Tourenplanung:

☞ Man hat einen bestimmten Zeitraum (einen Tag, das Wochenende, eine Woche Urlaub) zur Verfügung, checkt die Bedingungen (Schneeverhältnisse, Wetter) und entscheidet aufgrund dieser Informationen, was für eine Tour man angeht.

☞ Man will eine ganz bestimmte Tour machen und wartet so lange, bis die Bedingungen für diese Tour passen.

☞ Man hat für ein bestimmtes Datum eine Gruppentour gebucht oder organisiert.

Der erste Ansatz ist mit Sicherheit der, bei dem man zu deutlich mehr Touren kommt. Außerdem passieren bei dieser Herangehensweise weniger Unfälle, weil man vom ersten Schritt der Planung das Wetter und die Bedingungen mit einbezieht.
Der zweite Ansatz verleitet eher dazu, zweifelhafte Bedingungen in Kauf zu nehmen und die Tour trotzdem zu versuchen – sich die Bedingungen schönzureden. Diese Gefahr besteht insbesondere dann, wenn man vielleicht schon ein- oder gar mehrmals an dieser Tour gescheitert ist.

Besser mit Planung: Jede Bergtour bedarf einer Vorbereitung.

Schlechte Planung? Wetterkapriolen am Berg.

Bei Gruppenreisen, die lange im Voraus gebucht und festgelegt werden, ist die Flexibilität meist sehr eingeschränkt. Eine gute Organisation beinhaltet aber auch hier Tourenmöglichkeiten für verschiedene Bedingungen.

Welchen Ansatz man auch hat, die Tourenplanung sollte immer nach einem mehr oder weniger festen Schema ablaufen.

Wetter

Die wichtigste Frage bei der Tourenplanung ist: Wie wird das Wetter? Denn selbst wenn es oft heißt, dass es kein schlechtes Wetter gibt, nur schlechte Bekleidung, ist das Wetter ganz maßgeblich verantwortlich dafür, welche Tour man durchführen kann. Das kann im Extremfall heißen, dass man die Tour erst gar nicht angeht, sondern daheimbleibt oder sich ein Alternativprogramm ausdenkt.

Der Wetterbericht kann heute aktueller denn je von fast jedem Punkt der Erde abgerufen werden, ob im Internet, per Telefon oder im Rundfunk (vgl. Tabelle im Kapitel »Bergwetter«, S. 173).

Dabei geht es vor allem um folgende Punkte:

☞ Wie ist momentan das Wetter im Zielgebiet?

☞ Wie lautet die Kurzzeitprognose?

☞ Wie lautet die Langzeitprognose?

☞ Ist mit Niederschlag zu rechnen und wenn ja, in welcher Form (Schnee, Regen)?

☞ Ist mit ungewöhnlichen Windbedingungen zu rechnen?

Mit diesen Informationen an der Hand muss nun überprüft werden, welche Touren möglich oder geeignet sind und ob die angestrebte Route unter den gegebenen Voraussetzungen zu verwirklichen ist.

Jahreszeit

Eng mit dem Wetter ist die Frage nach der aktuellen Jahreszeit verknüpft. Zu bestimmten Jahreszeiten bieten sich bestimmte Touren an
oder schließen sich eben auch aus.
Folgende Fragen sollten geklärt werden:

☞ Wie ist die Schneelage im Zielgebiet, liegt noch (oder schon) viel
   Schnee, gibt es viele Altschneefelder?

☞ Wie ist die Temperatur (abhängig vom Wetter), wird es eher kalt
   oder sehr heiß?

☞ Wie lange sind die Tage, wie lange hat man Tageslicht?

☞ Wie werden sich voraussichtlich die Bedingungen im Laufe des Tages ändern?

Dabei sind vor allem folgende Punkte typisch für die jeweiligen Jahreszeiten der Bergwander- oder Bergsteigersaison:
Frühjahr und Frühsommer: oft günstige, stabile Wetterlagen, angenehme Temperaturen, allerdings häufig noch viel Schnee, lange Tage.
Sommer: für hoch gelegene Touren günstige Temperaturen, in Tallagen oft sehr heiß, ab nachmittags häufig Gewitterneigung, Schnee morgens meist fest, nicht mehr ganz so lange Tage.
Spätsommer und Herbst: stabile Wetterlagen, angenehme Temperaturen auch in Tallagen, morgens Neigung zu Vereisung, im Hochgebirge
mitunter schwierige Bedingungen aufgrund starker Ausaperung (loser
Schutt, blankes Eis).
Für den **Winter** gelten in Bezug auf die komplette Tourenplanung eigene
Gesetzmäßigkeiten, da zu den sonstigen Aspekten der Tourenplanung

Schneefelder können harmlose Touren schnell gefährlich werden lassen.

Liegt noch (schon) Schnee?

Sind die Gletscher aper?

zusätzlich noch die Schneelage und die Lawinenlage berücksichtigt werden bzw. vorab geklärt werden müssen.

Verhältnisse vor Ort

Auch von daheim aus lassen sich inzwischen gute Informationen darüber einholen, wie die Bedingungen vor Ort sind. Ein Anruf beim Hüttenwirt oder beim Bergführerbüro ist oft sehr hilfreich. Eine sehr gute Informationsquelle für die Verhältnisse vor Ort ist das Internet, ob über die Alpenvereins-Homepages (und entsprechende Hüttenfinder) oder über die Seiten der jeweiligen Tourismusverbände (z. B. Links zu Livecams). Vor allem die Informationen aus privaten Plattformen und Foren sollte man allerdings vorsichtig bewerten, da man oft nicht weiß, wer und wie zuverlässig der Informationsgeber ist.

Im Einzelnen lässt sich ermitteln:

☞ Wie ist das Wetter (Abgleich mit dem Wetterbericht)?

☞ Wie ist die Schneelage?

☞ Wie sind die Schneebedingungen (hart oder weich)?

☞ Gibt es Besonderheiten (beschädigter Weg oder beschädigte Sicherungsanlage am Klettersteig, Steinschlag, Eisschlag)?

☞ Sind die (Seil-)Bahnen, die ich brauche, in Betrieb und wann fahren sie?

Hilfreiche Links zu den aktuellen Verhältnissen vor Ort:

www.alpenverein.de
www.alpenverein.at
www.sac.ch
www.alpenverein.it
www.clubalpin-idf.com
www.seilbahnen.de

www.alpen-cams.de
www.alpin.de
www.bergsteigen.at
www.climbing.ch
www.basislager.ch

Bei zu viel Sonne: Tour oder Tortur?

Weitere Faktoren

Neben diesen äußeren Faktoren spielen in Abhängigkeit von den oben genannten Punkten häufig noch weitere Aspekte eine Rolle.

Exposition: Die Ausrichtung des Geländes spielt im Winter bei der Einschätzung und Beurteilung der Lawinenlage eine maßgebliche Rolle, aber auch in den anderen Jahreszeiten ist es häufig sinnvoll, auf sie zu achten. So kann im Sommer ein südseitiger Hüttenanstieg in der Mittagszeit zur Tortur werden. Ebenso kann es im Herbst unangenehm sein, früh am Morgen lange einen Nordhang zu queren, weil es noch unangenehm kalt ist.

Auch und gerade beim Kontakt mit Schnee ist die Exposition wichtig. Ist der Schnee beinhart gefroren und ohne Steigeisen nicht zu begehen, oder ist er grundlos tief und nass?

Macht man sich die Auswirkungen der Exposition von Hängen bewusst, kann man mit entsprechender Routenauswahl oder schon allein durch eine geschickte Zeitplanung viele Unannehmlichkeiten oder gar gefährliche Situationen vermeiden.

Steilheit: Ähnliches gilt für die Steilheit des Geländes. Im Frühsommer können einige Meter Schnee in einer steilen Rinne das Ende der Tour bedeuten. Bewegt man sich, weil man um diese Problematik weiß, in grundsätzlich flacherem Gelände, wird dieser Fall nicht so schnell eintreten.

Neben diesen direkten Auswirkungen ist aber vor allem bei der Steilheit auch die Psyche der Teilnehmer zu bedenken. Ungeübte Geher reagieren oft schon an steilen Wiesenflanken verängstigt und gehen entsprechend unsicher. Bei labiler Wetterlage mit Regen oder auch nur Feuchtigkeit kann ein steiler Wiesenhang im Nu zu einem heiklen Unterfangen werden. In solchem Gelände kommt es immer wieder zu Ausrutschunfällen, manchmal auch mit Todesfolge. Auch hier lässt sich die Gefahr durch eine weitsichtige Planung, welche die Geländesteilheit einschließt, von vornherein umgehen.

Wie sicher (gut) sind die Teilnehmer?

Hält das Wetter? Man sollte vor allem die Wolkenbildung im Blick haben.

Abstieg: Häufig wird bei der Planung von Touren sorgsam ausgearbeitet, wie man am besten, sichersten und leichtesten auf den Berg hinaufkommt. Wie man aber wieder herunterkommt, wird dabei manchmal vergessen. Das mag bei echten Wanderbergen kein Problem sein, im Zweifelsfall geht man da wieder hinunter, wo man heraufgekommen ist. Aber das geht, etwa aus Zeitgründen, nicht immer. Deshalb sollte die Planung über den Gipfel hinausreichen, wenn der Abstieg nicht über die Aufstiegsroute erfolgen soll. Schließlich ist der Gipfel meist der Punkt, wo der Bergsteiger am weitesten von der nächsten Hütte, von seinem Auto oder sonst einem »zivilisierten« Ort entfernt ist. Was man unter allen Umständen vermeiden sollte, ist ein wegloser Abstieg in unbekanntes Gelände.

Vorzeitiger Abbruch der Tour / Fluchtmöglichkeit: Die Vorbereitung war gut, das Wetter sollte mitspielen. Sollte – hat es aber nicht. Auf einer Bergtour kann immer etwas Unvorhergesehenes passieren. Daher ist es immer ratsam, sich über Möglichkeiten zum vorzeitigen Abbruch der Tour zu informieren und zu schauen, ob Fluchtmöglichkeiten bestehen. Je anspruchsvoller das Gelände, desto wichtiger ist dieser Aspekt. Ein Paradebeispiel ist der Jubiläumsgrat von der Zugspitze zur Alpspitze. Nicht selten wird die Tour hinsichtlich der Schwierigkeit und der Dauer unterschätzt. Da ist es dann wertvoll zu wissen, dass es etwa nach der Hälfte des Grates eine relativ leicht zu begehende Fluchtmöglichkeit zur Knorrhütte und damit in normales Wandergelände gibt.

Große Gruppen sind immer langsamer unterwegs.

Gruppengröße: Maßgeblichen Einfluss auf die Auswahl einer Bergtour haben die Größe und die Zusammensetzung der Gruppe. Denn grundsätzlich gilt: Je größer eine Gruppe, desto langsamer ist man unterwegs. Und: Es muss auf den Schwächsten Rücksicht genommen werden. Besonders bei der Schwierigkeit sollte man daher darauf achten, eher defensiv zu planen. Ist ein oder sind mehrere Gruppenmitglieder überfordert, ist meist die ganze Tour kein Erfolg, die Gruppe ist schlecht gelaunt. Ähnliches gilt aber auch bei einer Unterforderung, daher sollte man sich stets bemühen, mit einer halbwegs homogenen Gruppe unterwegs zu sein.

Um die gesamte Organisation zu erleichtern, empfiehlt es sich außerdem, nicht zu viele Leute auf eine Tour mitzunehmen. Eine gute Gruppengröße beträgt zwei bis sechs Personen. Auf ausgesprochen einfachen, kurzen Touren ist es allerdings auch durchaus möglich, in größeren Gruppen zu gehen.

Zeitplanung

Um eine Tour zu Hause gründlich zu planen, muss man abschätzen können, wie lange man braucht. Dazu gibt es eine Formel, die sich aus der Praxis heraus entwickelt und bewährt hat.

Man unterscheidet dabei zwischen kleineren Gruppen (bis drei Personen) und größeren Gruppen (bis sieben Personen). Bei noch größeren Gruppen kommt es vor allem auf die Homogenität der Teilnehmer an.

Folgende Höhenunterschiede bzw. Distanzen werden für 1 Stunde zu Grunde gelegt:

Kleine Gruppen:	Größere Gruppen:
400 Hm im Aufstieg 600 Hm im Abstieg 5 km horizontale Entfernung	300 Hm im Aufstieg 500 Hm im Abstieg 4 km horizontale Entfernung

Die Werte sowohl für die horizontale Distanz als auch für den Höhenunterschied müssen möglichst genau aus der Karte herausgearbeitet oder aus einem Führer oder einer anderweitigen Tourenbeschreibung entnommen werden. Aus den beiden Werten ergeben sich der Zeitanteil für die horizontale Entfernung sowie der Zeitanteil für die Höhendifferenz. Um die für den Aufstieg (bzw. Abstieg) zu veranschlagende Gehzeit zu berechnen, teilt man den Zeitanteil mit dem kleineren Wert durch zwei und addiert zu dem Ergebnis den größeren Wert hinzu.

Ein Beispiel: Beträgt bei einer kleineren Gruppe die horizontale Entfernung einer Tour 5 Kilometer, so wird für die reine Horizontaldistanz 1 Stunde Gehzeit veranschlagt. Aus einer gleichzeitigen Höhendifferenz von 500 Höhenmetern ergibt sich ein Zeitbedarf von

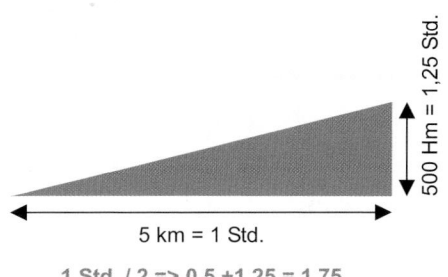

5 km = 1 Std.

1 Std. / 2 => 0,5 +1,25 = 1,75

1¼ Stunden. Der kleinere, zu halbierende Wert ist 1 Stunde, also ergibt sich: ½ Stunde + 1¼ Stunden = 1¾ Stunden als Zeitbedarf für den Aufstieg.

Soll vom Gipfel auf dem gleichen Weg wieder abgestiegen werden, ändert sich nichts am Zeitwert für die reine Horizontaldistanz. In unserem Fall also wiederum die Hälfte von 1 Stunde, also ½ Stunde.

Im Abstieg ist die Gruppe natürlich schneller und schafft rund 600 Höhenmeter pro Stunde, der Zeitanteil für die Bewältigung des reinen Höhenunterschieds beträgt bei 500 Höhenmetern 50 Minuten. Daraus ergibt sich eine Gesamtzeit für den Abstieg von ½ Stunde + 50 Minuten, also 1 Stunde und 20 Minuten.

Die rechnerische Gesamtgehzeit aus 1¾ Stunden Aufstieg und gut 1¼ Stunden Abstieg ergibt somit rund 3 Stunden. Dazu müssen natürlich noch die Pausen hinzugerechnet werden.

Hilfsmittel für die Planung
Um eine ausreichende Tourenplanung durchführen zu können, braucht man einige Hilfsmittel. Heutzutage schaut man meist erst mal im Internet, was man an Informationen findet. In vielen Tourenportalen sind für

Handwerkszeug zur Tourenplanung.

Touren alle nötigen Informationen hinterlegt, auch (mehr oder weniger gute) Karten gibt es zu den Touren. Das ist gut um Ideen zu sammeln und sich die Basisinformation zu beschaffen. Doch Vorsicht: Die wenigsten Tourenportale prüfen die Richtigkeit der Angaben. Daher ist man mit einer »echten« Landkarte immer noch gut beraten. Für alle Tätigkeiten, bei denen man zu Fuß unterwegs ist, sind topographische Karten im Maßstab 1:25.000 geeignet. Solange man sich auf markierten Wegen bewegt, tun es auch 1:50.000er-Karten (vgl. Kapitel »Orientierung«, S. 44). Des Weiteren liefert ein aktueller Führer oder ein Wanderbuch über die Region ausführliche Informationen. Es gibt in den Alpen kaum eine Region, von der keine Führerliteratur erhältlich ist. Im Führer sind die gängigen Routen beschrieben, es werden durchschnittliche Gehzeiten angegeben. Meist wird auch eine Schwierigkeitseinteilung vorgenommen.

Ein Kompass kann bei der Tourendurchführung sehr hilfreich sein. Wer sich abseits markierter und gesicherter Wege bewegen will, sollte sich unter Umständen auch ein GPS-Navigationsgerät zulegen (vgl. Kapitel »GPS«, S. 58).

Wer sehr detailliert plant, ist mit einem Entfernungsmesser für Karten gut beraten, mit dem sich die Entfernungen recht genau ermitteln lassen. Im Notfall tut's auch ein Lineal mit Skalierung.

Gehrichtung

Ist man mit der Planung so weit fortgeschritten, ist es an der Zeit, sich zu überlegen, in welcher Richtung man die Tour gehen möchte. Bei einer Tagestour mit nur einem Gipfelanstieg und demselben Abstieg hat man da wenig Probleme – es gibt nur eine Richtung. Will man aber eine Rundtour machen oder gar eine mehrtägige Wanderung, beispielsweise von Hütte zu Hütte, gibt es fast immer mehrere Möglichkeiten.

Wichtigstes Kriterium ist die Höhe. Eine gute Akklimatisation ist das A und O. In den Alpen ist die Höhenanpassung zwar nicht unbedingt entscheidend, da typische Rundtouren meist nicht über 3000 Meter hinausgehen, aber bei Trekkingtouren in außeralpinen Gebieten ist sie ein zentraler Aspekt. Nicht immer ist die Gehrichtung, die der Veranstalter gewählt hat, die günstigere. Grundsätzlich sollte man am Anfang tief beginnen und dann möglichst langsam aufsteigen. Als Faustregel für den

Trekkingbereich gilt: Die Schlafhöhe sollte pro Tag nicht um mehr als 500 bis 700 Meter nach oben verlegt werden.

Trotzdem sollte dieser Aspekt auch in den Alpen bei einigen Touren bedacht werden. Nicht umsonst wird die Route Oberstdorf – Meran fast immer in Oberstdorf gestartet. Rein logistisch könnte man genauso gut in Meran beginnen – aber da kommt man dann gleich zu Beginn in die Höhe. Für Selbstversorger, die mit relativ schweren Rucksäcken unterwegs sind, spielt die Gehrichtung eine wichtige Rolle. Hat man die langen Steigungen am Anfang, wenn der Rucksack noch schwer ist, oder lieber am Ende, wenn der Rucksack schon wesentlich leichter ist, weil viel Nahrung verbraucht ist? Aber auch die bevorzugte Gehrichtung auf einer bestimmten Strecke kann ein Kriterium sein. So ist es beispielsweise oftmals angenehmer, anderen Gruppen entgegenzukommen, als parallel mit ihnen zu gehen.

Bei Tagesrundtouren in den Alpen sollte man sich bezüglich der Gehrichtung darüber Gedanken machen, wie die Bedingungen und Voraussetzungen sind. Es ist nicht zu empfehlen, im Sommer bei sonnigem Wetter mittags einen Südhang im Aufstieg zu begehen. Vielleicht lässt sich die Tour ja auch anders herum gehen, und man steigt den Südhang am Nachmittag ab anstatt am Mittag auf. Gleiches gilt für Schnee und die weiteren Bedingungen, die in die Tourenplanung mit einfließen (vgl. oben).

Auch das Vorhandensein von Wasser oder, noch einfacher, von Almen oder Hütten kann Einfluss auf die Gehrichtung haben. So ist es an einem heißen Tag sinnvoller, wenn man an einer Quelle oder an einem Bach nachmittags vorbeikommt, wenn die Trinkflasche schon leer ist, als morgens, wenn man noch nicht durstig ist und die Flasche noch voll ist.

Dass man bei Gewitterneigung die Route wenn möglich so legt, dass man den Klettersteig in Kammnähe nicht nachmittags, sondern am Vormittag begeht, ist einleuchtend. Wenn das nicht möglich ist, sollte man eine andere Tour wählen.

Bei (organisierten) Trekkings ist die Route fast immer vorgegeben.

Kriterien, die man bei Mehrtagestouren für die Gehrichtung beachten sollte:

☞ Meereshöhe, vor allem die Schlafhöhe

☞ Höhenprofil der Strecke

☞ Hauptgehrichtung anderer Gruppen

☞ Möglichkeit, die Tour abzubrechen

☞ logistische Durchführbarkeit (Transport hin und zurück)

☞ Nutzungsmöglichkeit von Bergbahnen

Kriterien, die man bei Tagestouren für die Gehrichtung beachten sollte:

☞ Sonnenstand und Exposition der Tour

☞ Höhenprofil der Strecke

☞ Lage von Versorgungspunkten (Hütten, Wasserstellen)

☞ Wetter

☞ (Berg-)Bahnen

Essen und Trinken

Eine wohlüberlegte Tourenplanung berücksichtigt auch, was an Proviant und an Getränken für eine Tour benötigt wird. Jeder, der ab und an in den Bergen unterwegs ist, hat da seine individuellen Erfahrungswerte. Grundsätzlich sollte man lieber etwas zu viel als zu wenig mitnehmen. Flüssigkeitsmangel beeinflusst die körperliche Leistungsfähigkeit schon in einem frühen Stadium. In fortgeschrittenem Stadium beeinträchtigt

Ist genug Proviant dabei?

Wichtig: ausreichend Flüssigkeit.

der Flüssigkeitsverlust aber auch die Sinne. Sehstörungen und Schwindel sind Symptome, die im Gebirge schnell fatale Folgen haben können. Man sollte sich nicht darauf verlassen, unterwegs etwas zu bekommen, wenn man sich dessen nicht ganz sicher ist. Hauptsächlich trifft das auf Wasser zu: Nichts ist schlimmer, als in Erwartung einer kühlenden Erfrischung an eine Wasserstelle zu kommen, und die ist versiegt. Ein Liter Flüssigkeit pro Kopf und Tag sollten mindestens dabei sein, bei einer langen Tour im Sommer mitunter aber auch deutlich mehr (bis zu drei Liter). Auch wenn man an der sonstigen Ausrüstung an jedem Gramm spart, man sollte nicht aus Gewichtsgründen auf Flüssigkeit verzichten. Fruchtschorlen, leicht gesüßte Tees oder spezielle isotonische Getränke sind gut geeignet.

An- und Abreise

Zunächst einmal muss der Ausgangspunkt der Tour erreicht werden. Meist geschieht das mit dem Auto. Grundsätzlich sollte man sich bei der Planung allerdings überlegen, ob eine Anreise mit öffentlichen Verkehrsmitteln nicht leichter und schneller und vor allem besser kalkulierbar ist. Denn gerade zu Stoßzeiten haben meist andere Bergfreunde auch die Idee, eine Tour zu unternehmen, und entsprechend voll ist es häufig auf den Straßen. Ein Aspekt, den man heutzutage in die Tourenplanung einbeziehen sollte: Was ist, wenn wir bei der Anreise eine Stunde verlieren, weil wir im Stau stehen? Geht die Tour dann noch so, wie wir sie uns vorgestellt haben? Sinnvoll ist es daher immer, sich eine Ausweichtour in der Nähe zu suchen, die kürzer und gegebenenfalls leichter ist.

Bei unterschiedlichem Start- und Endpunkt der Tour bietet sich die Anreise mit öffentlichen Verkehrsmitteln besonders an. Ist das nicht möglich, kann es sinnvoll sein, ein Fahrzeug (das kann auch ein Fahrrad sein) am Endpunkt abzustellen, um damit wieder zum Ausgangspunkt zu gelangen. Dass man mit möglichst wenigen Autos fährt und Fahrgemeinschaften bildet, sollte selbstverständlich sein.

Warum nicht mit der Bahn zum Berg?

Systematische Tourenplanung

Die Tourenplanung gestaltet sich häufig einfacher, wenn man nach einem festen Schema vorgeht. Beim Alpenverein gibt es mit der BergwanderCard ein Tool, um eine systematische Tourenplanung für Sommertouren durchzuführen. Das erleichtert und strukturiert besonders für Bergfreunde, die nicht ständig unterwegs sind, die Planung einer Tour.

	Verhältnisse	Gelände	Mensch	Ort (Wo)
Planung	■ Jahreszeit ■ Wetterlage ■ Wetterbericht ■ Alpine Auskunft ■ Sonstige Informationen (Hüttenwirt etc.)	■ Führerliteratur ■ Karten ■ sonstige Informationen ■ Entfernungen, Gehzeiten ■ Exposition	■ Gruppengröße ■ Leiter/Führer ■ persönliches Können der Teilnehmer ■ Motivation, Erwartung ■ Ausrüstung	■ zu Hause ■ auf der Hütte
Route	■ Markierungen ■ Gefahrenstellen ■ Wetterumschwung ■ Sicherung/ Absicherung ■ Alternativen	■ Beobachtung ■ Standortvergleich ■ flexibel sein ■ sinnvolle Route wählen	■ Kondition ■ Stimmung ■ Erfolgsdruck	■ am Ausgangspunkt ■ an Weggabelungen ■ in Pausen
Situation am Berg	■ Gefahrenmomente ■ Ist alles wie geplant, oder hat sich etwas geändert (Wetter, Schnee)?	■ Geländebeschaffenheit (Absturzgelände etc.) ■ Wegbeschaffenheit ■ Absicherung ■ Sicht	■ Gruppendynamik ■ Übermotivation ■ Überforderung	■ in allen Entscheidungssituationen am Berg

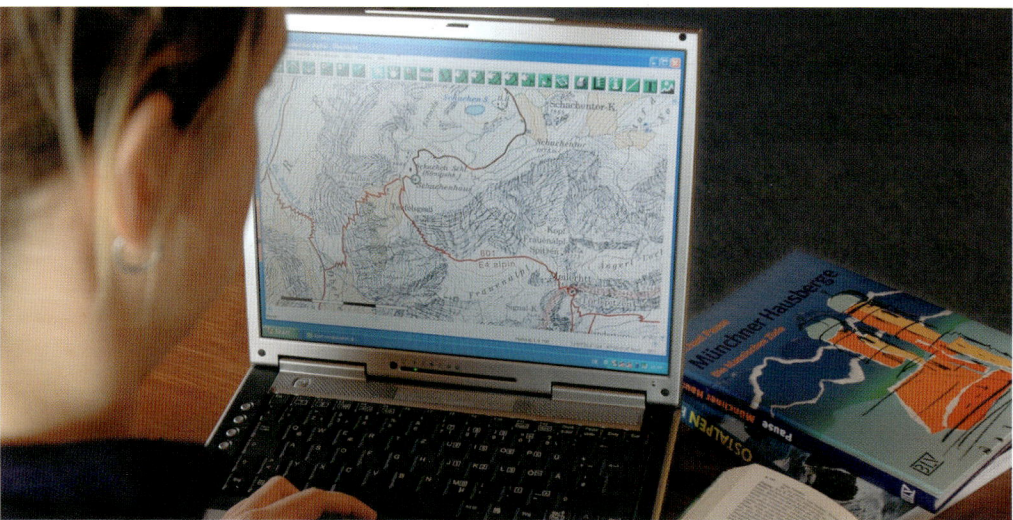

Inzwischen ein gutes Hilfsmittel bei der Planung: PC und Internet.

Typische Fehler bei der Tourenplanung

Fehler	Vermeidung
Es findet keine Planung statt, sondern es wird einfach drauflos gegangen.	Man sollte sich ein System für zumindest ein Mindestmaß an Planung zurechtlegen, das jedes Mal durchgespielt wird (vgl. 3x3-Filter).
Unrealistische Zeitplanung.	Man sollte sich von einigen Touren die Erfahrungswerte aufschreiben (Zeitbedarf für Höhenmeter, horizontale Entfernung), seinen persönlichen Durchschnittswert ermitteln und bei zukünftigen Planungen zugrunde legen. Pausen realistisch einplanen!
Die Tour ist zwar sorgfältig geplant, man kommt aber morgens nicht los (oder steht im Stau).	Falls man Mühe mit dem Aufstehen hat, sollte man das schon bei der Planung bedenken und eine kürzere Ausweichtour auswählen oder als Alternative bereithalten.
Sollten sich unterwegs Fehler in der Planung herausstellen, gilt generell: Die größte Stärke liegt im Umdrehen!	

Anregungen für Touren

Mit der Planung kann erst der beginnen, der weiß, wohin er will. Ideen für Touren abseits der ausgetretenen Pfade zu finden ist manchmal gar nicht so einfach. Hilfreich sind bei der Ideenfindung neben der Führerliteratur die alpinen Fachmagazine, die mit animierenden Bildern und den nötigen Informationen die Planung deutlich verkürzen. Vor allem durchlaufen solche Tourenvorschläge einen gewissen Filter, die meisten Informationen werden überprüft und sind somit zuverlässig. Das ist beim Internet leider häufig nicht der Fall. Es gibt unzählige Seiten, auf denen Vorschläge zu finden sind. Gerade bei privaten Einträgen sollte man die Aussagen aber mit Vorsicht genießen. Man weiß nie, wer die Informationen generiert hat, wie aktuell sie sind und wie gut sich der Urheber auskennt. Das gilt insbesondere für Blogs auf den einschlägigen sozialen Medien, in denen es vielen Usern darum geht, ihre »Heldenleistungen« kundzutun. Aber natürlich findet man hier auch gute und sachliche Informationen, man sollte sie eben nur prüfen.

Magazine: »Alpin«, »Bergsteiger«, »Panorama«

Internet: alpenverein.de, alpenverein.at, alpin.de, alpine-auskunft.at, bergportal.ch, bergsteigen.at, outdooractive.com, tourentipp.de

Orientierung

Allgemeines

Beim Thema Orientierung scheiden sich die Geister: Entweder ist man fasziniert davon, oder man hasst es. In wenigen Bereichen hat sich in den letzten Jahren so viel verändert wie bei der Orientierung. Wer will kann heute oftmals nur noch dem Track seines Smartphones hinterlaufen und gut ist. Im Extremfall weiß er hinterher kaum, wo er gewesen ist. Daher ist es gut und sinnvoll, zumindest ein gewisses Maß an klassischer Orientierung zu beherrschen. Schließlich kann ein Handy auch mal ausfallen. Auch auf den einfachsten Wanderungen, die mit Wegweisern versehen sind, kann man in Situationen kommen, in denen man ohne ein Mindestmaß an Orientierungsfähigkeit und ohne eine Karte nicht weiterkommt. Das heißt für alle, die das Thema Orientierung hassen: Sie müssen sich entweder jemandem anschließen, der das Thema liebt, oder sie müssen sich überwinden und sich damit beschäftigen.

Wer unterwegs ist, sollte immer eine Karte des Gebietes dabeihaben. Wer sich nicht ausschließlich auf markierten Wegen bewegt, ist gut beraten, wenn er zusätzlich einen Höhenmesser mitführt. Für alle, die auch mal weglos unterwegs sind, lohnt sich heutzutage die Anschaffung eines GPS-Geräts (Global Positioning System) oder einer guten Navigations-App für das Smartphone.

Ohne geeignete topographische Karte sollte man nicht unterwegs sein.

Hilfsmittel zur Orientierung

☞ **Topographische Karten:** Karten sind eine maßstabsgetreue zweidimensionale Wiedergabe des dreidimensionalen Geländes. Für Wanderer und Bergsteiger besonders geeignet sind topographische Karten, die in den Maßstäben 1:25.000 oder 1:50.000 erhältlich sind. Mit etwas Übung ermöglichen sie dem Betrachter, sich ein relativ genaues Bild von einem Gebiet zu machen.

☞ **Panoramakarten:** Sie zeigen ein Gebiet aus einem schrägen Blickwinkel und sind nicht maßstabsgetreu. Das besondere an Panoramakarten ist, dass der (theoretische) Betrachtungsstandort sich für ein und dasselbe Panorama verändern kann. Panoramen ermöglichen auch ungeübten Betrachtern, sich die Gegend bildlich vorzustellen.

Schön und gut für die Übersicht, aber nicht für mehr: Panoramakarten.

☞ **Fotos:** Sie zeigen das Gelände zweidimensional aus einer ganz bestimmten Perspektive. Im Gegensatz zum Panorama verändert sich der Standort nicht.

☞ **Wegbeschreibungen:** Texte sind eine gute Informationsquelle für besondere Abschnitte (speziell schwierige, schöne …). Bei Beschreibungen ist die Ausdrucksfähigkeit des Autors entscheidend.

☞ **Sonstige Informationsquellen:** Auch Gespräche mit Ortskundigen können einen guten Überblick über Besonderheiten verschaffen. Man sollte diese Möglichkeit nicht ungenutzt lassen und sich mit dem Hüttenwirt, mit Bergführern oder Entgegenkommenden unterhalten. Allerdings sollten diese Informationen kritisch bewertet werden.

Wenig Möglichkeiten, sich zu verlaufen. Typische Markierung mit Wegnummer.

☞ **Wegmarkierungen:** Ausgebaute und viel begangene Wege in den Bergen sind meist markiert. In der Regel wird mit Farbe markiert, an neuralgischen Punkten werden auch Schilder aufgestellt. Zudem finden sich gerade im weglosen Gelände häufig Steinmänner. Markierungen werden an exponierten Stellen wie gut sichtbaren Steinen, Bäumen oder Felsen angebracht.

Tipp *Versuchen Sie einmal vor der nächsten Tour in einem unbekannten Gebiet alle Informationen zu sammeln, die Sie bekommen können – und sie dann vor Ort mit der Wirklichkeit zu vergleichen. Bei sorgsamer Vorbereitung werden Sie feststellen, wie exakt das Bild mitunter sein kann, das man sich nur anhand aller zur Verfügung stehenden theoretischen Informationen machen kann.*

Gebietsspezifische Besonderheiten

Ostalpen: Zusätzlich zu den Farbmarkierungen sind viele Wege nummeriert. Diese Nummerierung ist nicht willkürlich, sondern folgt einem System. Tageswanderungen, die von Fremdenverkehrsverbänden ausgezeichnet werden, sind mit ein- oder zweistelligen Nummern versehen. Wege, die durch die alpinen Vereine unterhalten werden, haben neben der farblichen Kennzeichnung eine dreistellige Nummer. Zwar können sich in den Alpen Wegnummern wiederholen, aber nicht in direkt angrenzenden Gebieten.

Dreistellige Ostalpen-Markierung.

Neben diesen beiden Varianten gibt es noch die Weitwanderwege.

Auch diese sind nummeriert, mit den Zahlen 01 bis 10. Diese Zahlen können allein stehen oder an die Ziffer der Alpenvereinswege angehängt sein. Die Markierung in den Ostalpen kann Zusätze wie »nur für Geübte« aufweisen, die allein aber noch keine ausreichenden Informationen über die Schwierigkeit eines Weges vermitteln.

Zusätzliche Informationen am Wegesrand.

Schweiz: Das ist in der Schweiz anders. Hier enthält schon die Markierung neben dem Zweck der Wegfindung gleichzeitig einen Hinweis auf die Schwierigkeit. Gelb markiert sind Wanderwege ohne besondere Schwierigkeiten. Bergwanderwege für erfahrene Berggeher und Bergwanderer sind weiß-rot-weiß markiert. Weiß-blau-weiße Markierungen zeigen an, dass es sich um einen alpinen Weg oder Steig handelt, der mitunter auch weglose Abschnitte, leichte Klettersteigpassagen oder Gletscherquerungen aufweisen kann. Seil, Gurt und Pickel können je nach Verhältnissen und persönlichem Können nötig sein.

Markierung und Schwierigkeitsbewertung in der Schweiz.

In Anlehnung daran hat der Deutsche Alpenverein 2006 versucht, mit der »BergwanderCard« ein Instrument zu lancieren, das Wanderwege ähnlich wie Skiabfahrten in leicht (blau), mittel (rot) und schwer (schwarz) einteilt und anhand dessen man feststellen kann, für welche Weganforderungen man geeignet ist. Diese Karte hat aber bisher keine sehr hohe Akzeptanz erreicht. Bleibt abzuwarten, ob das nach einer gewissen Gewöhnungsphase in Zukunft der Fall sein wird.

Europäische Fernwanderwege

Die Europäischen Fernwanderwege sind mit den Nummern und Ziffern E1 bis E8 markiert. Von diesen Wegen führen drei durch die Alpen: Der E1 führt von der Nordsee

Hinweisschild für Fernwanderweg.

Touristische Wegweisung.

über Bodensee und Gotthard zum Mittelmeer, der E4 verläuft von den Pyrenäen über den Schweizer Jura zum Neusiedler See, und der E5 ist der Bretagne-Bodensee-Adria-Weg. Der Verlauf der Europäischen Fernwanderwege ist mit kleinen, weiß-grünen Tafeln mit der Nummer markiert. Verlaufen sie parallel zu Alpenvereinswegen, sind diese Tafeln zusätzlich zu der AV-Markierung installiert. Es kann an einigen Stellen also zu einem regelrechten Zahlen- und Schilderwald kommen. Die Wegnummern finden sich auch in vielen Wanderkarten wieder.

Kartenkunde

Grundlage jeder Orientierung und Tourenplanung ist eine Landkarte. Es gibt viele verschiedene Arten von Landkarten. Die für Bergsteiger wichtigen und hilfreichen Karten sind topographische Karten. Sie zeigen ein exaktes und maßstabsgetreues Grundrissbild der Erde.

Maßstab: Grundlage jeder Karte ist der Maßstab. Er gibt an, in welchem Verhältnis die Wirklichkeit verkleinert wurde, um auf der Karte Platz zu finden. Für Bergsteiger interessante und geeignete Karten weisen einen Maßstab von 1:25.000 auf, das heißt, 1 Zentimeter auf der Karte entspricht 25.000 Zentimetern in der Natur – also 250 Metern. Entsprechend sind 4 Kartenzentimeter in der Natur 1 Kilometer. Dieses Kartenmaß ermöglicht es, selbst relativ kleinräumige Geländedetails darzustellen. Mitunter finden auch Karten im Maßstab 1:50.000 Anwendung. In ihnen entspricht 1 Zentimeter 500 Metern in der Natur, 2 Zentimeter entsprechen demnach 1 Kilometer. Das ist so lange ausreichend, wie man sich auf markierten Wegen aufhält und die Karte hauptsächlich zur groben Orientierung dient.

Auf Karten finden sich verschiedene Darstellungsformen, die dazu dienen, Geländegegebenheiten auf dem Papier darzustellen. Das sind vor allem verschiedene Farben, die Höhenlinien, die Schum-

Auf jeder topographischen Karte ist Norden oben.

44

merung, die Schraffung, die Beschriftung sowie festgelegte Symbole.
Farben: Die Farben dienen vor allem dazu, den Bewuchs oder die Geländebeschaffenheit zu beschreiben:

Blau	Flüsse, Seen, Bäche, Gewässernamen, Höhenlinien auf Gletschern, Gletscherspalten
Hellgrün	Waldflächen
Olivgrün	Latschen, Gebüsch
Dunkelgrün	Waldkonturen
Braun	Höhenlinien in bewachsenem Gelände
Grau	Schummerung
Schwarz	Häuser, Straßen, Wege, Bahnen, Lifte, Felsen, Schutt, Höhenlinien in Fels- und Schuttgelände, Schraffung
Rot	Wegmarkierungen und -nummern

Höhenlinien: Neben den Farben verraten uns vor allem die Höhenlinien
viel über das Gelände, vor allem über das Geländerelief. Höhenlinien
sind eine (theoretische) Verbindung aller Punkte gleicher Höhe im Gelände. Sie haben einen definierten Abstand zueinander, den man Äquidistanz nennt. Die Äquidistanz auf topographischen 1:25.000er-Karten
der Ostalpen und der Schweiz beträgt in der Regel 20 Meter. Die
100er-Linien – also jede fünfte – sind fetter dargestellt. Allerdings gibt es
für den Alpenraum auch Karten mit einer anderen Äquidistanz. So haben
die italienischen Tabacco-Karten einen Höhenlinienabstand von 25 Metern, die französischen IGN-Karten teilweise einen Abstand von 10 Metern. Beides kann zu Verwirrungen führen, insbesondere wenn man oft
mit »normalen« Karten, also solchen mit 20-Meter-Äquidistanz, gearbeitet hat. Dabei überschätzt man bei IGN-Karten die Steilheit, weil die Höhenlinien ungewöhnlich eng beieinanderliegen; bei Tabacco-Karten ist
die Tendenz eher die, die Steilheit des Geländes wegen des ungewöhnlich weiten Abstands der Höhenlinien zu unterschätzen.

*Die Äquidistanz ist auf einer guten topographischen Karte am
Kartenrand vermerkt.*

Je enger der Höhenlinienabstand, desto steiler ist also das Gelände, je
weiter der Abstand, desto flacher. Verläuft ein Weg parallel zu einer Höhenlinie, steigt er nicht an, sondern führt eben dahin (**»2«** auf Seite 46).
Liegen die Höhenlinien relativ eng beieinander und der Weg in der Karte

*Tipp   Höhenangaben an den Höhenlinien ersparen langes »Hinaufzählen«.
Dabei stehen die Höhenangaben an den Höhenlinien gewöhnlich mit
dem Fuß ins Tal (siehe **»3«** und **»4«** auf Seite 46), also dem Gelände
entsprechend richtig herum. Somit weiß man sofort, in welcher Richtung es bergauf und in welcher bergab geht.*

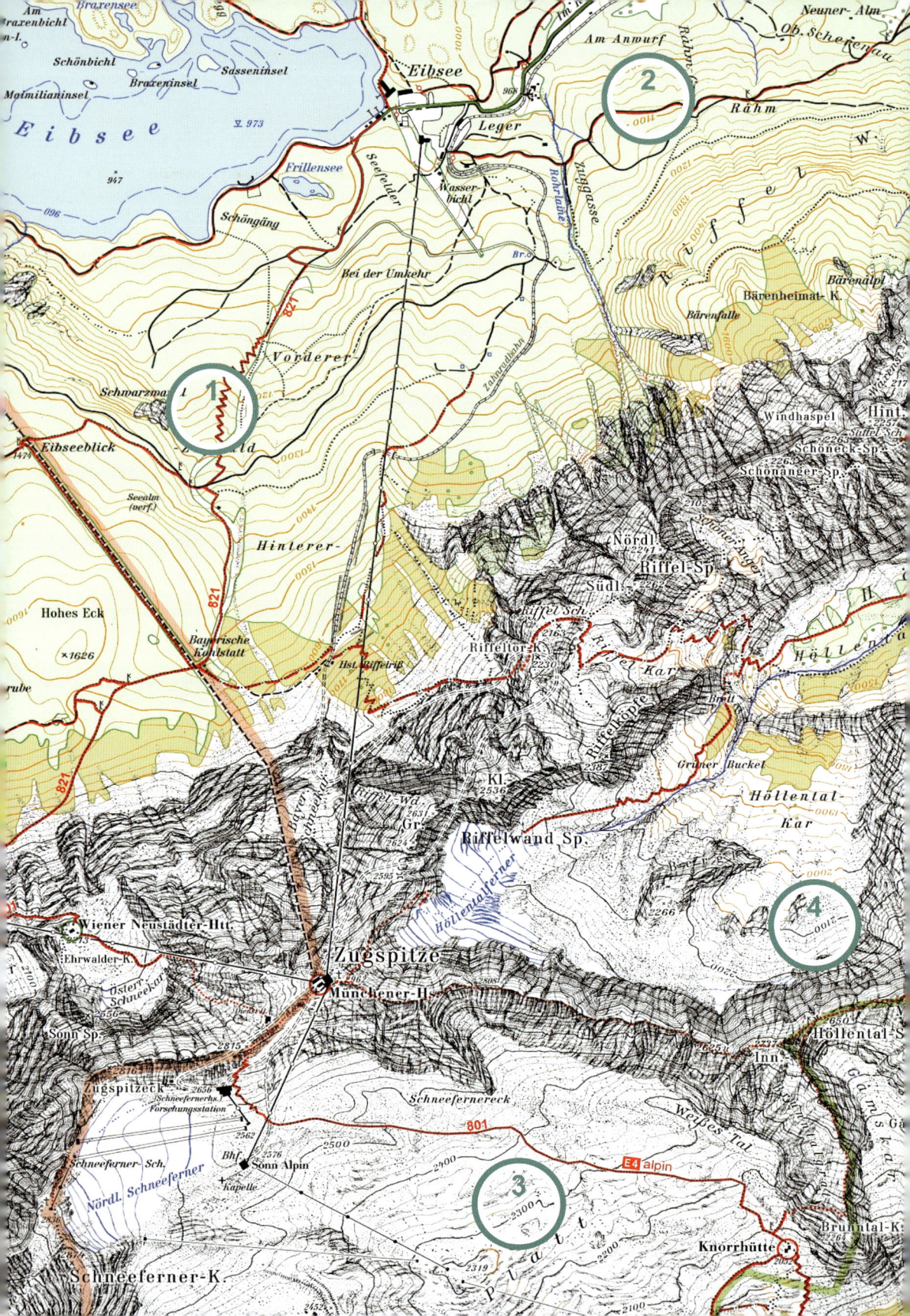

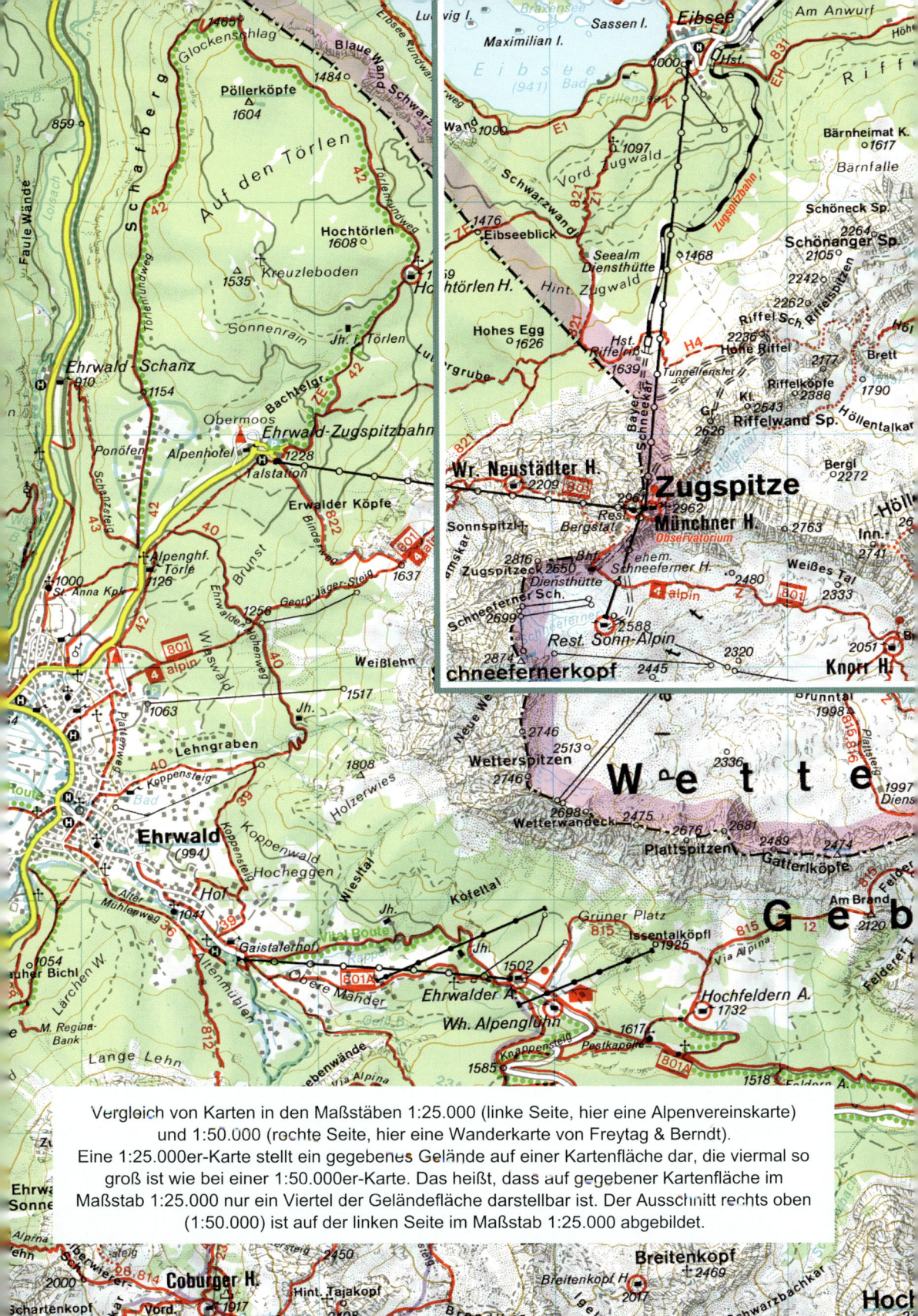

Vergleich von Karten in den Maßstäben 1:25.000 (linke Seite, hier eine Alpenvereinskarte)
und 1:50.000 (rechte Seite, hier eine Wanderkarte von Freytag & Berndt).
Eine 1:25.000er-Karte stellt ein gegebenes Gelände auf einer Kartenfläche dar, die viermal so
groß ist wie bei einer 1:50.000er-Karte. Das heißt, dass auf gegebener Kartenfläche im
Maßstab 1:25.000 nur ein Viertel der Geländefläche darstellbar ist. Der Ausschnitt rechts oben
(1:50.000) ist auf der linken Seite im Maßstab 1:25.000 abgebildet.

verläuft in steilem Winkel zu den Linien, kann man davon ausgehen, dass es steil bergauf – bzw. bergab – geht (**»1«** auf Seite 46).

Neben der Geländeneigung kann man an den Höhenlinien auch die Geländeform erkennen. Täler und Senken, Grate und Sättel lassen sich meist gut anhand des Kartenbilds ausmachen.

Schummerung und andere Hilfsmittel: Zusätzlich und unterstützend weisen viele Karten eine sogenannte Schummerung auf. Dieser Schattenwurf entsteht durch eine virtuelle Lichtquelle, die von Nordwesten – auf den Karten also von links oben – scheint. Erst die Schummerung lässt das »Kartengebirge« plastisch erscheinen. Der Lichtquelle zugewandte Flanken oder Wände (also Nordwestflanken oder -wände) sind heller, solche, die von der Lichtquelle abgewandt sind (also Südostflanken oder -wände), sind etwas dunkler. Im Kartenbild sieht das so aus, als ob die Erhebungen Schatten werfen.

Ein trigonometrischer Punkt.

Neben diesen Standardgrößen gibt es noch weitere festgelegte Regularien, die beim Zurechtfinden auf der Karte helfen. So stehen Ortsnamen immer in West-Ost-Richtung, Geländenamen hingegen stehen parallel zur Höhenlinienführung.

Bei der Orientierung im Gelände helfen darüber hinaus sogenannte trigonometrische Punkte. Diese finden sich im Gelände an gut auszumachenden Geländeformen wie Gipfeln, Sätteln oder markanten Erhebungen. Die Beschriftung dieser trigonometrischen Punkte im Gelände ist immer nach Süden gerichtet.

Kartenrand: Neben dem eigentlichen Kartenbild verfügt jede Karte über einen Kartenrand. Auch der Kartenrand enthält zahlreiche Informationen. So ist dort meist das sogenannte Kartendatum vermerkt, das allerdings nichts mit dem »Verfallsdatum« der Karte zu tun hat. Das Kartendatum ist vor allem beim Gebrauch von GPS-Geräten wichtig. Das international gebräuchlichste Kartendatum ist WGS 84 (vgl. Kapitel »GPS«, S. 58).

Wie schon erwähnt, finden sich am Kartenrand auch die Angabe zur Äquidistanz und meist ein Böschungsmaßstab. Dieser hilft, die Steilheit des Geländes einzuschätzen. In der Kartenlegende sind außerdem alle Zeichen erklärt, die in der Karte verwendet werden. Auch die Deklination oder Missweisung (Differenz von geografisch zu magnetisch Nord) ist

Zeichenerklärung

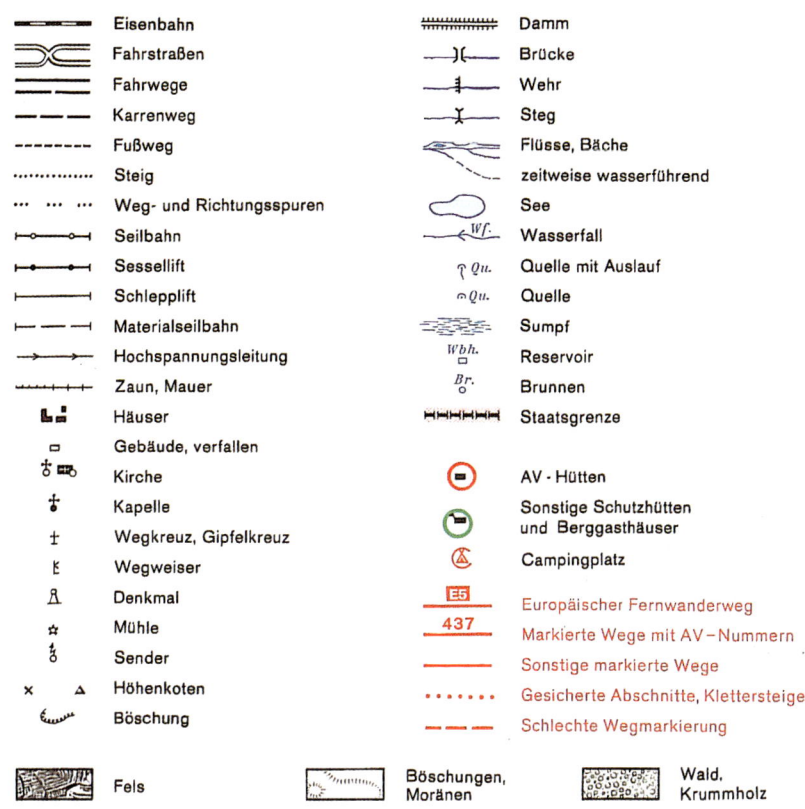

▬▬▬▬	Eisenbahn	⊪⊪⊪⊪⊪⊪	Damm
⊃⊂	Fahrstraßen	—)(—	Brücke
▬▬▬	Fahrwege	┥	Wehr
— — —	Karrenweg	⊥	Steg
- - - - - -	Fußweg		Flüsse, Bäche
·············	Steig		zeitweise wasserführend
··· ··· ···	Weg- und Richtungsspuren	⬭	See
⊢—○—○—⊣	Seilbahn	◄Wf.	Wasserfall
⊢—●—●—⊣	Sessellift	↑ Qu.	Quelle mit Auslauf
⊢—┃—┃—⊣	Schlepplift	⌒ Qu.	Quelle
⊢— — —⊣	Materialseilbahn		Sumpf
→—→—→	Hochspannungsleitung	Wbh. ◻	Reservoir
⊢—+—+—⊢	Zaun, Mauer	Br. ○	Brunnen
◾◽	Häuser	⟊⟊⟊⟊⟊	Staatsgrenze
◻	Gebäude, verfallen		
☨ 🕮	Kirche	⊖	AV - Hütten
♱	Kapelle	⊜	Sonstige Schutzhütten und Berggasthäuser
✝	Wegkreuz, Gipfelkreuz	ⓒ	Campingplatz
⅄	Wegweiser	E5	Europäischer Fernwanderweg
Ꭺ	Denkmal	437	Markierte Wege mit AV–Nummern
☆	Mühle	——	Sonstige markierte Wege
⚲	Sender	······	Gesicherte Abschnitte, Klettersteige
× △	Höhenkoten	— — —	Schlechte Wegmarkierung
⸾⸾⸾	Böschung		

▨	Fels	▨	Böschungen, Moränen	▨	Wald, Krummholz

Maßstab 1 : 25000

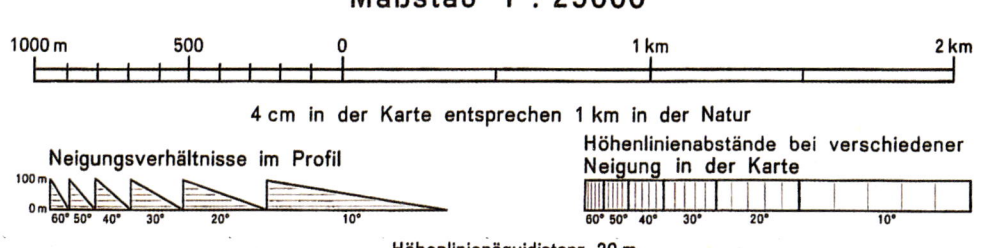

```
1000 m      500        0                    1 km              2 km
├─┼─┼─┼─┼──┼─┼─┼─┼─┼───┼──────────────────────┼──────────────────────┤
```

4 cm in der Karte entsprechen 1 km in der Natur

Neigungsverhältnisse im Profil

100 m

0 m

60° 50° 40° 30°   20°   10°

Höhenlinienabstände bei verschiedener Neigung in der Karte

60° 50° 40°   30°   20°   10°

Höhenlinienäquidistanz 20 m

Die Kartenlegende einer AV-Karte. Hier sind die Zeichen und Symbole erklärt, die in der Karte verwendet werden.
Zusätzlich bieten viele Legenden Hilfsmittel, um Entfernung und Steilheit einzuschätzen. Der Höhenlinien-Messer zeigt an, wie groß der Abstand der Höhenlinien bei welcher Steilheit ist. Das hilft weniger geübten Kartonlesern, die Steilheit von Passagen aus der Karte besser einzuschätzen. Die Neigungsverhältnisse im Profil stellen dar, wie das Verhältnis von horizontaler zu vertikaler Entfernung bei welcher Neigung ist.

auf einer guten Karte vermerkt. Je nach Karten sind alle drei verschiedenen Nordrichtungen angegeben. Denn neben geografisch und magnetisch Nord gibt es auch noch Gitter-Nord: Das ist die Richtung, in welche die senkrechten Linien auf einer Karte weisen, die ein geodätisches Kartengitter haben (z. B. UTM-Gitter). Der Kartenrand zeigt dann nach geografisch Nord (z. B. alle AV-Karten), die Kompassnadel weist nach magnetisch Nord, und die senkrechten Linien der Meridianstreifen laufen nach Gitter-Nord. Die Schweizer Landeskarten werden von einem geodätischen Gitter begrenzt, das parallel verläuft, und sind deswegen oben und unten gleich breit. Bei Karten mit geodätischem Gitter wird deshalb nicht die Deklination, sondern die Nadelabweichung am Kartenrand angegeben. Die Nadelabweichung ist die Differenz zwischen magnetisch Nord und Gitter-Nord, bezogen auf die Blattmitte.

Der Kompass

Zur Orientierung im weglosen Gelände reicht eine Karte allein nicht aus. Erst in Kombination mit dem Kompass kann man einige wichtige Maßnahmen durchführen.

Mit dem Kompass lassen sich die Himmelsrichtungen bestimmen. Die frei schwingende Magnetnadel des Kompasses zeigt immer in Richtung des magnetischen Nordpols, dementsprechend befindet sich auf der gegenüberliegenden Seite Süden. Da sich der magnetische Nordpol aber rund 1500 Kilometer vom geografischen Nordpol befindet und auch kein fixer Punkt ist, sondern seine Lage verändert, kann es je nach Position und Standpunkt auf der Erde zu Abweichungen zwischen dem, was der Kompass anzeigt, und der Wirklichkeit kommen. Denn die Landkarten orientieren sich nicht am magnetischen Nordpol, sondern an den Gitternetzlinien, die ihren Ursprung am geografischen Nordpol haben. Die Differenz nennt man Missweisung (oder Deklination). An hochwertigen Kompassen lässt sich die Missweisung einstellen. Sie ist häufig am Kartenrand vermerkt und beträgt im Alpenraum derzeit etwa 2 Grad ostwärts. In anderen Erdteilen, bei-

Peilhilfe

Spiegel

Ablesemarke

Ost-West-Band

Magnetnadel

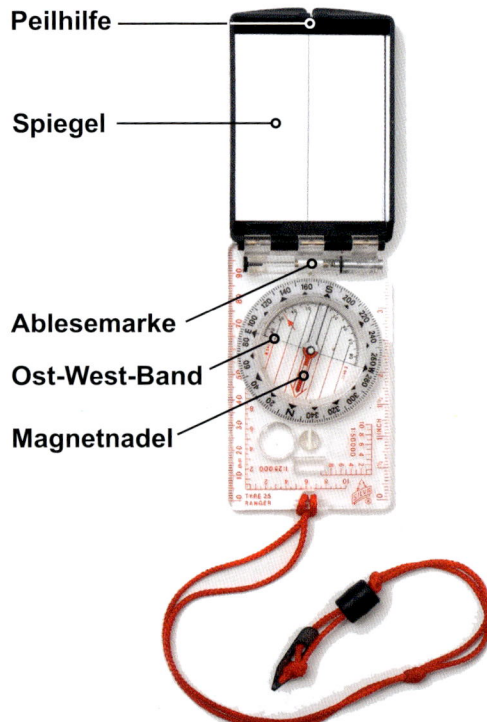

spielsweise in Nordkanada, kann die Missweisung mitunter deutlich größer sein und mehr als 20 Grad betragen.

Wer noch nie mit einem Kompass gearbeitet hat, sollte dies auf jeden Fall üben. Neben der Magnetnadel, die uns die Nord-Süd-Richtung anzeigt, hat jeder Kompass noch das sogenannte Ost-West-Band. Es ist beim Umgang mit dem Kompass ein wichtiges Hilfsmittel.

Tipp   *Metallgegenstände, Handys, Verschüttetensuchgeräte oder elektrische Leitungen können die Genauigkeit des Kompasses beeinflussen.*

Erste Handgriffe: Um die Karte mit dem Gelände in Übereinstimmung zu bringen, muss man die Karte einnorden. Dazu dreht man am Kompass die Bussole so, dass Norden genau an der Ablesemarke liegt. Nun legt man den Kompass parallel zum seitlichen Rand der Karte und dreht diese so lange, bis die Nadel genau auf der Nordmarke steht. Ist die Karte eingenordet, fällt ein Vergleich von Karte und Wirklichkeit deutlich leichter.

Standortbestimmung (rückwärts Einschneiden): Durch dieses Verfahren kann man mit dem Kompass seinen Standort bestimmen. Für die Standortbestimmung muss je nach Situation mindestens ein markanter Punkt bekannt sein, meistens sogar zwei. Das ist im Gebirge bei guter Sicht im Normalfall kein Problem, da man ja grob weiß, in welcher Region man sich bewegt. Fast immer sind mehrere Gipfel eindeutig zu benennen. Man peilt nun mit dem Kompass über das Visier einen der bekannten Gipfel an und dreht die Kompasskapsel so lange, bis die Nordmarkie-

Beim Arbeiten mit dem Kompass darauf achten, dass er immer waagrecht gehalten wird. Nur so kann die Nadel frei schwingen.

rung genau mit der Nordseite der Nadel (meist das rote Ende) übereinstimmt. Dann legt man den Kompass auf die Karte, ohne an der Kompasskapsel zu drehen. Man legt den Kompass mit dem Ende, an dem das Visier ist, an den angepeilten Gipfel. Nun dreht man den Kompass so lange, bis das Ost-West-Band des Kompasses mit der Ost-West-Richtung der Karte übereinstimmt. Dabei sehr hilfreich ist entweder eine Gitternetzlinie auf der Karte, die von Ost nach West verläuft, oder ein Ortsname. Entlang der Anlagekante des Kompasses zieht man nun mit dem Bleistift eine Linie.

Befindet man sich nun auf einem

Sorgfältiges Peilen ist Voraussetzung.

Übertragen von Werten in die Karte.

in der Karte eingezeichneten Weg – oder an einem Bach, auf einer Straße –, liegt der eigene Standort dort, wo die eingezeichnete Linie den Weg kreuzt. Befindet man sich in weglosem Gelände, muss man eine zweite Peilung machen. Dazu wählt man möglichst einen Gipfel, der sich etwa im rechten Winkel zu dem zuerst angepeilten Punkt befindet. Auch von diesem Punkt zieht man wieder eine Linie entlang der Anlagekante. Dort, wo sich die beiden Peillinien treffen, befindet sich der eigene Standort. Optimal ist die Messung, wenn die Linien mehr oder weniger rechtwinklig aufeinandertreffen. Treffen sie sich im spitzen Winkel, können schon geringe Messungenauigkeiten zu relativ großen Abweichungen führen.

Bestimmung eines unbekannten Gipfels (vorwärts Einschneiden)
Befindet man sich im Gelände und kann einen Gipfel oder einen markanten Punkt nicht bestimmen, kann man das eben beschriebene System auch umgekehrt anwenden. Allerdings muss man dazu seinen Standort kennen.

Man peilt den unbekannten Punkt mit dem Kompass über das Visier an und dreht die Kompasskapsel wieder, bis die Nordmarkierung und das rote Ende der Nadel übereinanderliegen. Damit hat man die Richtungszahl bestimmt, die jetzt oben an der Ablesemarke zu sehen ist. Dann legt man den Kompass auf die Karte, das vordere Ende der Anlegekante an den eigenen Standort. Nun dreht man den ganzen Kompass so lange, bis Nordmarkierung und Nadel übereinanderliegen. Entlang der Anlegekante macht man einen dünnen Bleistiftstrich. Auf diesem Strich muss sich der anvisierte Punkt befinden, vorausgesetzt, er ist nicht so weit entfernt, dass er auf der Karte nicht mehr enthalten ist. Kommen mehrere Punkte in Frage, muss man anhand von Höhen- und Entfernungsschätzungen prüfen, welcher der anvisierte Punkt sein könnte.

Für beide hier beschriebenen Maßnahmen muss man die Karte nicht einnorden.

Ein Kompass hilft im Gebirge nur so lange, wie man zumindest in etwa weiß, wo man sich befindet. Zieht Nebel auf und man weiß überhaupt nicht, wo man ist, kann der Kompass lediglich die Himmelsrichtungen anzeigen.

Der Höhenmesser

Ein zusätzliches Instrument, das der Orientierung in den Bergen dient, ist der Höhenmesser. Richtig eingesetzt, kann er in bestimmten Situationen hilfreicher sein als der Kompass.

Ein barometrischer Höhenmesser misst den Luftdruck. Den Luftdruck kann man sich bildlich vorstellen als die Menge Luft, die sich über dem Bergsteiger befindet. Je höher man aufsteigt, desto niedriger ist der Luftdruck, weil die Luftmenge nach oben hin abnimmt. Gemessen wird der Luftdruck in Hektopascal (1 hPa), man findet aber auch noch das eigentlich veraltete Maß Millibar (1 mbar).

Auf gleicher Höhe kann die Luft dichter oder weniger dicht sein. Man spricht in diesem Fall von Hochdruck (die Luft ist dichter, der Druck dementsprechend höher) und Tiefdruck (die Luft ist dünner, der Druck geringer). Aber selbst bei einer absolut stabilen Wetterlage ändert sich der Luftdruck im Tagesverlauf.

Diese Aspekte bedingen, dass ein Höhenmesser ungenau ist, wenn man ihn nicht richtig einsetzt. Den Höhenmesser sollte man so oft wie möglich auf die richtige Höhe einstellen. Das kann man an allen Punkten tun, von denen man weiß, wie hoch sie sind: Bahnstationen, Hütten und Almen (diese Angaben sind allerdings nicht immer verlässlich), Gipfel, Übergänge, trigonometrische Punkte, markante, in der Karte verzeichnete Punkte oder Höhenangaben auf Wegweisern. Im Normalfall gibt es

Genaue Höhenangabe am Gipfel.

auf jeder Wanderung oder jeder Tour einige Punkte, an denen man den Höhenmesser nachstellen kann. Beachtet man dann noch die Differenz der Höhenmessung zur wirklichen Höhe, kann man daraus eventuell eine Tendenz im Wettergeschehen ablesen. Steigt die angegebene Höhe deutlich, wird das Wetter schlechter. Sinkt die angegebene Höhe entsprechend, wird das Wetter eher besser. Eine signifikante Differenz beträgt dabei je nach bestehendem Luftdruck 30 Meter oder mehr (1 Hektopascal entspricht ungefähr 10 Metern). In extremen Situationen, beispielsweise beim Aufzug eines Gewitters, kann der Höhenmesser innerhalb weniger Stunden schon mal um mehr als 100 bis 150 Meter steigen. Anders gesagt: Das Barometer kann in derselben Zeit um bis zu 15 Hektopascal sinken.

Mit Hilfe der Karte und des Höhenmessers kann man seinen Standort im Gebirge oft bestimmen, ohne den Kompass zu gebrauchen. Ist der Höhenmesser justiert und befindet man sich auf einem Weg, kann man anhand der Höhenlinien und der Höhenangabe seinen Standort recht exakt festlegen.

Bestimmung des Standorts mit Karte und Höhenmesser.

Schwieriger wird das, wenn der Weg sehr flach oder gar eben verläuft. Befindet man sich an einem festen Standort (etwa auf einer Hütte), kann der Höhemesser im Verlauf von mehreren Stunden erheblichen Schwankungen unterliegen. Eine Druckänderung über Nacht, die 150 Metern entspricht, ist durchaus möglich. Allerdings wird sich eine solche Luftdruckänderung auch am Wetter bemerkbar machen.

Natürlich wird heute auch die Höhe oft per GPS gemessen. Doch Vorsicht: Selbst bei ziemlich genauer Positionsbestimmung sind die Höhenangaben des GPS (also auch des Smartphones) ungenau. Wenn es darum geht genau zu wissen, wie hoch man ist, wird man auf einen barometrischen Höhenmesser zurückgreifen müssen.

Führerliteratur

Fast der gesamte Alpenbogen ist flächendeckend mit Führern abgedeckt, zumindest die Bereiche, die touristisch interessant sind. Führer enthalten eine Vielzahl von Informationen über Ausgangspunkte, Hütten, Wege, Zustiege und Touren. Anhand eines Führers von einer bestimmten Region kann man sich mit etwas Zeit und einer Karte eine Route zusammenstellen und bekommt gleichzeitig einen Eindruck von den Gegebenheiten vor Ort.

Es gibt Auswahlführer und Gebietsführer. In Auswahlführern werden Routen ähnlichen Charakters in einem großflächigen Gebiet beschrieben. Ein bekanntes Beispiel sind die »Münchner Hausberge«, andere Titel stellen beispielsweise Wanderungen von Hütte zu Hütte oder Hochtouren in den Ost- oder Westalpen vor. Ein Gebietsführer beschäftigt sich mit einem recht eng abgesteckten Gebiet, in dem dann alle nennenswerten Touren vorgestellt werden.

Führer eines Verlages haben oftmals ein einheitliches System für die Angabe der Schwierigkeiten. Somit hat der Aktive Vergleichsmöglichkeiten zu vorangegangenen Touren und kann die Bewertung besser einschätzen. So haben im Rother Bergverlag erschienene Wanderführer die Bewertung übernommen, die man von der Schwierigkeitseinteilung bei Skipisten kennt. Blau steht für einfache Wege, die lückenlos markiert und nicht zu steil sind. Rot steht für ausreichend markierte Steige, die überwiegend schmal sind und stellenweise exponiert sein können. Kurze Stellen können auch schon mit Drahtseilen abgesichert sein. Schwarz steht für Steige, die über weite Strecken schmal und steil sind. Sie können über längere Strecken sehr ausgesetzt sein, und es kann nötig sein, die Hände zu Hilfe zu nehmen.

Orientierung im Gelände

Wer sich nicht nur auf Forstwegen bewegt, sondern eine Bergtour unternimmt, sollte immer wieder seinen Standort auf der Karte festlegen und überprüfen. Das kann man mit dem Smartphone machen, das einem den Standpunkt in Sekundenschnelle recht genau anzeigt. Je nachdem ist dann aber das digitale Kartenmaterial auf dem Smartphone mangelhaft. Man kann die Standortbestimmung auch analog durchführen. Das muss nicht unbedingt wie oben beschrieben mit dem Kompass geschehen, meist reicht der Höhenmesser aus. Auch an markanten Geländepunkten oder neuralgischen Stellen ist es ratsam, die Karte zu Hilfe zu nehmen. Nur so kann man in fraglichen Situationen sicher entscheiden, wohin es geht. Gilt dieser Grundsatz schon dann, wenn man Wegen folgt, gilt er natürlich besonders in weglosen Gebirgsgegenden.

Um sich mit Hilfe von Karte und Führer zurechtzufinden, muss man ein

Gendarm

schrofiges Kalkgelände

Sattel

Pfeiler

Karstgelände mit Kluftkarren

Rücken

Felsgipfel

Felsrinne

Hochtal

Moränenwall

steiler Gletscher mit Gletscherzunge

steiles Schrofengelände

Mindestmaß an alpinem Fachvokabular verstehen. Wer nicht weiß, was eine Scharte oder ein Sattel ist, wird sich schwertun, entsprechende Beschreibungen zu verstehen.

Problematisch kann die Orientierung werden, wenn man in weglosem Gelände oder auf einem Gletscher unterwegs ist. Ist das Wetter stabil und sind die Bedingungen gut, sollten auf der Basis einer ausreichenden Tourenplanung keine Probleme auftauchen. Aber manchmal kommt es eben anders, als man denkt. Deshalb gilt besonders in anspruchsvollem Terrain: Man sollte zu jedem Zeitpunkt zumindest grob wissen, wo man sich befindet. Weiß man nicht mehr weiter, ist oftmals die Umkehr das Beste – da kennt man den Weg und weiß, was einen erwartet.

Abkürzungen

Ein Fehler, den sicherlich jeder Bergsteiger einmal gemacht haben muss: das Begehen von Abkürzern. Jeder erfahrene Bergsteiger weiß ein Lied davon zu singen. Denn Abkürzungen dauern in aller Regel länger als der reguläre Weg. Einmal ganz abgesehen davon, dass Abkürzer auf Wiesen und Almen und in Steilhängen aus Umweltschutzgründen sowieso tabu sein sollten, da sie unnötige Begehungsspuren hinterlassen, die in ihrer Summe zu einer erhöhten Erosion führen können.

Orientierung mit dem GPS

GPS bedeutet Global Positioning System und ist ein weltweites, satellitengestütztes Navigationssystem. Ursprünglich wurde das GPS-System vom amerikanischen Militär installiert. Inzwischen wird es auch in hohem Maße zivil genutzt. Und auch wenn man immer vom GPS redet, es gibt inzwischen andere Satellitensysteme, die der Standortbestimmung dienen. Aktuell sind das neben dem GPS noch Glonass (Russland), Galileo (Europäische Union) und Beidou (China). Moderne Empfangsgeräte greifen oft auf mehr als eines der Systeme zurück, was die Standortbestimmung schneller und präziser macht. Daher ist heute die Satellitennavigation im täglichen Leben Standard.

Das GPS basiert auf 24 Satelliten (+ zzt. 7 Ersatzstelliten), die auf sechs Umlaufbahnen um die Erde kreisen. Bei absolut freiem Horizont kann man in der Ebene bis zu zwölf Satelliten empfangen; für eine genaue Positionsangabe sind aber nur vier notwendig.

Moderne GPS-Geräte für Bergsteiger – und genauso Navigationsapps für das Smartphone – sind kompakt und oft mit einem Touch-Display bedienbar. Sie lassen sich auf alle gebräuchlichen Maßeinheiten und Systeme einstellen. Das in den Alpen gebräuchlichste ist das UTM-Gitter (universale transversale Mercator-Projektion). Das UTM-Gitter wird für den Flugbetrieb verwendet, und auch internationale Armeen sowie die Bergwacht und die Bergrettung arbeiten mit diesem System. So nutzt beispielsweise auch die Notruf-App SOS EU ALP das UTM zur Standortfestlegung. Mit der Gradnetzangabe in Stunden, Minuten und Sekunden, wie sie auf vielen Karten zu finden ist, können im praktischen Gebrauch mit dem GPS nur sehr geübte Nutzer etwas anfangen, denn das Herauslesen von Werten aus der Karte ist sehr aufwendig, und auch das Übertragen vom GPS in die Karte ist umständlich.

Für das UTM-Gitter wurde die gesamte Erde in 60 Zonen eingeteilt, die jeweils sechs Grad breit sind. Diese Zonen nennt man Meridianstreifen. Die Meridianstreifen werden durch Zonennummern und Buchstaben des

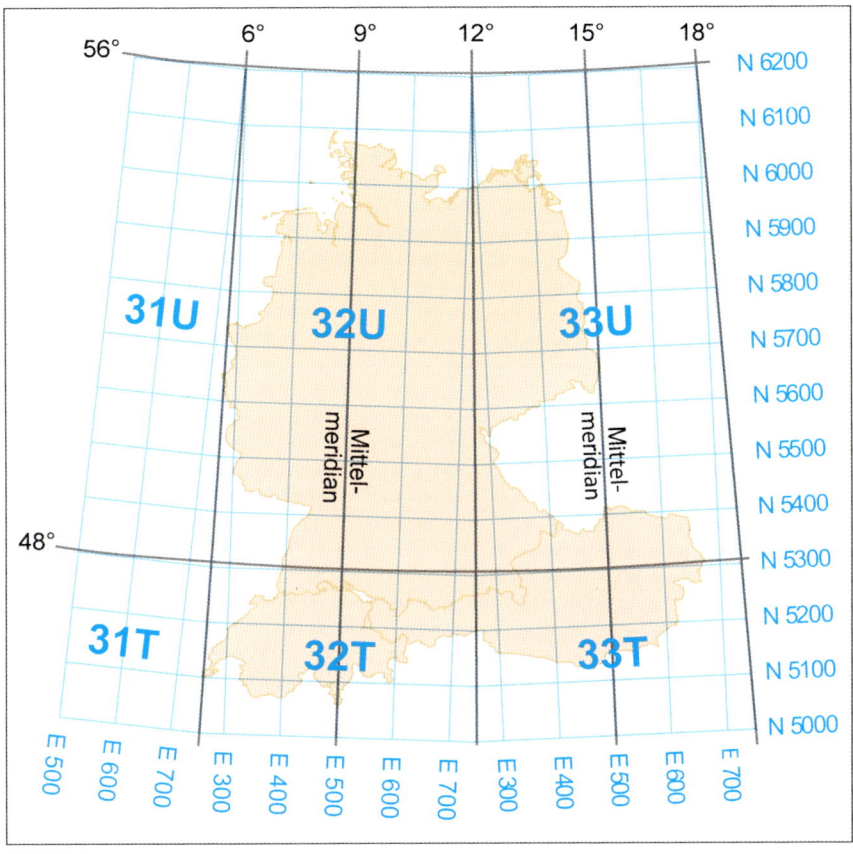

Die Lage eines Punktes im UTM-Gitter wird immer durch drei Werte festgelegt:

☞ **das Zonenfeld**

☞ **den Rechtswert**

☞ **den Hochwert**

Wichtig: Nach dem Zonenfeld wird immer erst der Rechts-, dann der Hochwert angegeben.

Breitenbandes genau bestimmt. Deutschland liegt zum großen Teil in den Zonenfeldern 32U und 33U. Diese Zahlen-/Buchstabenkombination ist genauen GPS-Koordinaten immer vorangestellt, findet sich bei der Arbeit in der Praxis aber kaum, weil sie nur zur Groborientierung notwendig ist.

Der horizontale Wert (Rechts- oder Ostwert) wird beim UTM-System immer von West nach Ost – also von links nach rechts – gezählt. Er gibt dabei den Abstand eines Punktes zum Mittelmeridian eines jeden Zonenfeldes an. Dabei ist zu beachten, dass der Mittelmeridian nicht etwa den Wert Null hat, sondern 500.000 mE (oder kurz 500.000 E). Damit wird verhindert, dass Orte westlich des Mittelmeridians negative Werte aufweisen. Der zweite Wert ist der Hoch- oder Nordwert und gibt den Abstand des Punktes zum Äquator an. Der Wert wird dabei von Süd nach Nord – also von unten nach oben – gezählt.

Sobald man mit GPS und Papierkarte arbeitet, braucht man neben den Angaben zum Gitter auch immer das Kartendatum, also das gültige Kartenbezugssystem. An dieser Stelle die theoretischen Hintergründe dazu zu erläutern, würde zu weit führen. Wichtig für den Nutzer ist nur, dass er das richtige Kartendatum am GPS-Gerät eingestellt hat. In fast allen Fällen ist das »WGS 84«. In der Schweiz muss man das Kartendatum ändern, weil die Schweizer mit »CH 1903« arbeiten. Legt man das falsche Kartendatum zugrunde, kann man in der Praxis um einige hundert Meter falsch liegen.

Arbeiten mit Smartphone und GPS.

Bei Nebel wird die Orientierung schwierig. Wohl dem, der jetzt noch auf einem Weg ist und/oder ein GPS dabei hat.

Im Bereich der digitalen Karten hat sich in den letzten Jahren sehr viel getan. Man kann heute fast alle Karten, die es auf Papier gibt, auch als digitale Karten kaufen und auf das GPS spielen, wenn man sie herunterlädt auch offline nutzen.

Neben der eigentlichen GPS-Funktion haben gute Handheld-GPS-Geräte weitere Funktionen wie einen barometrischen Höhenmesser, einen elektronischen Kompass, ein Thermometer oder diverse Kartensoftware. Wer gute digitale Karten offline nutzen kann und auch mit den Funktionen des Gerätes (egal ob Handheld oder Handy) vertraut ist, hat natürlich ganz andere Möglichkeiten als noch vor einigen Jahren. Man bekommt auf der Karte sehr genau seinen Standort angezeigt und weiß damit zweifelsfrei, wo man sich gerade befindet. Dass aber diese Form der Orientierung immer wieder nicht funktioniert, zeigen Katastrophen wie vor wenigen Jahren an der Pigne d'Arolla im Wallis, wo eine Gruppe von 14 Personen – alle hatten ein Handy dabei – nur wenige Meter von der rettenden Hütte entfernt, es nicht geschafft hat, die Hütte zu finden.

Daher ist es bei ernsthaften Touren auch heute noch sinnvoll, andere Mittel zur Orientierung mitzuführen. Denn GPS und Handy sind technische Geräte und können ausfallen.

Tourenplanung mit dem GPS: Mit dem riesigen Angebot an digitalen Karten und den entsprechenden Apps ist es bei schwierigen Touren auf jeden Fall sinnvoll, die Tour zu Hause am Computer vorzubereiten und dann auf das digitale Endgerät zu überspielen.

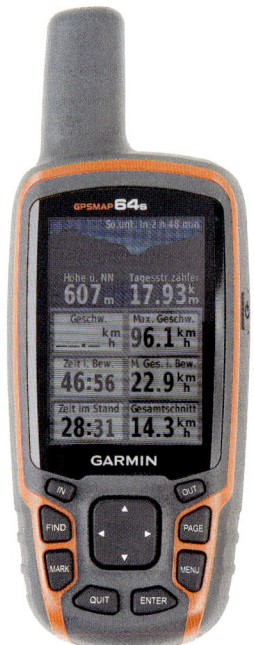

Ob man dabei mit fertigen Tracks arbeitet, die man sich von diversen Portalen runterladen kann, kommt auf die Tour an, die man machen möchte. Für Standardtouren findet man solche Tracks zuhauf, für selten begangene Touren gibt es die oft nicht. Dann muss man sich seinen Track selber erzeugen, das geht am besten auf dem PC.

Digitale Karten gibt es von fast allen Teilen des Globus zu kaufen. Mittels Google Earth kann man sogar in de entferntesten Winkeln der Erde Touren digital planen. Auch mit den OSM-Karten (Open Streetmap), die immer kostenfrei sind, kommt man schon recht weit. Sobald man aber weglos unterwegs ist, helfen diese Karten nicht mehr weiter. Dann braucht es Karten, die deutlich mehr Details zeigen. Der Alpenverein bietet mittels gestaffelter Tarife inzwischen jährliche Abos für digitale topographische Karten an. Man hat so immer das aktuellste Kartenmaterial, und das vom gesamten Alpenbogen (allerdings nur von den Bereichen, von denen es auch Papierkarten gibt).

Neben den digitalen Karten gibt es eine Vielzahl von Seiten, auf denen sich sehr umfangreiche Datenbanken mit Tracks zum Downloaden finden. Oft ist die Nutzung kostenfrei und es ist eine Sache von wenigen Sekunden, sich die Datei mit den Tracks herunterzuladen. Ob man sich diesen Tracks allerdings blind anvertrauen sollte, steht wiederum auf einem anderen Blatt. Viele der Seiten stammen von Privatpersonen. Meist gibt es keine Informationen darüber, wer die Tracks erfasst hat und wie vertrauenswürdig und sorgfältig diese Person gearbeitet hat.

Eine weitere Funktion, die für Bergsteiger besonders interessant ist, ist die Tatsache, dass man seinen Hinweg recht einfach wieder zurückverfolgen kann. Voraussetzung ist dabei allerdings, dass das GPS oder Handy die ganze Zeit eingeschaltet war und der Track aufgezeichnet wurde. Diese Funktion ist besonders im Winter (oder z.B. auf Karstflächen) bei schlechter Sicht interessant, weil Spuren schnell zugeweht sind und der Rückweg schwierig zu finden ist. Allerdings sollte man sich dabei im klaren darüber sein, dass man dann das GPS ggf. auch ohne Handschuhe über längere Zeit bedienen können sollte. Das kann je nach Bedingungen extrem unangenehm werden.

Man sollte sich durch solche technischen Features nicht dazu verführen lassen, bei widrigen Bedingungen Touren zu unternehmen, die man ohne das Gerät nicht angehen würde. Denn auch in solchen Situationen sollte man sich der Technik nicht blind anvertrauen. Außerdem ist der Energieverbrauch bei konstant eingeschaltetem Gerät recht hoch – sinnvoll ist es daher, wie bereits erwähnt, immer einen zweiten Satz Batterien oder für das Handy eine Powerbank dabei zu haben.

Auch wenn die GPS-Navigation die Tourenplanung und Durchführung deutlich vereinfachen kann, ist es ratsam nie ohne die althergebrachte Karte und einen Höhenmesser und/oder Kompass unterwegs sein. Außerdem hat sich gezeigt, dass viele Benutzer im Ernstfall mit dem Gerät nicht richtig umzugehen wissen. Auch hier gilt: Übung macht den Meister!

GPS oder Karte? Im Idealfall hat man beides dabei.

Gehen am Berg

Grundlagen

Bergwandern ist dadurch charakterisiert, dass es bergauf und bergab geht – vielleicht nicht ständig und ausschließlich, aber häufig. Zwischen Bergwandern und Bergsteigen gibt es einen, wenn auch fließenden Übergang. Gewandert wird so lange, wie der Weg nicht zu steil und der Untergrund gleichförmig ist. Wird der Weg zu einem Steig, der Untergrund ungleichmäßig und steil, spricht man vom Bergsteigen.

Gemütlicher, einfacher Wanderweg.

Schmaler, typischer Bergpfad.

Körperliche Voraussetzungen

Für das Bergwandern und Bergsteigen braucht man keine spezielle körperliche Vorbereitung, allerdings sollte eine solide Grundlagenausdauer vorhanden sein. Wer das ganze Jahr über keinen Sport treibt und dann im Sommer zum Bergsteigen gehen möchte, dem sei eine gewisse Vorbereitung angeraten. Denn je fitter man »antritt«, desto mehr Spaß hat man an und in den Bergen – man kann sie mehr genießen. Das Berggehen hat den Vorteil, dass man durch das Tempo die Intensität maßgeblich selbst beeinflussen kann.

Ältere Personen und solche, die noch nie oder längere Zeit nicht in den

Bergen waren, sollten vor einem ausgedehnten Bergurlaub ihren Hausarzt konsultieren und sich durchchecken lassen. Herz-Kreislauf-Versagen ist eine der häufigsten Todesursachen in den Bergen. Auch Menschen mit chronischen Krankheiten wie Asthma oder Diabetes sollten vor einem Bergurlaub ihren Arzt fragen, was sinnvoll und erstrebenswert ist und auf was sie vielleicht lieber verzichten sollten. Gleiches gilt für Personen mit orthopädischen Vorschädigungen.

Die Psyche

Berge vermitteln vielen Leuten ein Gefühl der Bedrohung und der Unsicherheit. Allein durch den Gedanken, sie könnten theoretisch irgendwo abstürzen, sind sie einer Belastung ausgesetzt. Die Überwindung dieser Unsicherheit ist neben vielen anderen Eindrücken aber auch einer der Reize beim Bergsteigen und kann wahre Glücksgefühle hervorrufen. Allerdings kann Unsicherheit in dem Moment, in dem sie zu einer ausgeprägten Angst wird, auch genau das Gegenteil bewirken und einem die Berge restlos verleiden. Für Unerfahrene ist es daher immer ratsam, sich langsam an das Thema »Berg« heranzutasten und die Schwierigkeit und die Länge der Touren langsam zu steigern.

Angst kann in konkreten Situationen sogar so weit führen, dass man total bewegungsunfähig wird und sich weder vor noch zurück traut – auch wenn dies objektiv häufig absolut unbegründet ist. Es ist erstrebenswert, solche Situationen erst gar nicht entstehen zu lassen.

Gehtempo und Pausen

Kein Sportler, der etwas leisten möchte, startet seine Aktivität, ohne sich vorher aufzuwärmen. Der Wanderer und Bergsteiger muss sich nicht unbedingt mit speziellen Übungen aufwärmen (wobei auch das ratsam wäre), er sollte es aber am Anfang der Tour gemütlich angehen lassen, um seinen Kreislauf in Schwung und den Körper auf Betriebstemperatur zu bringen.

Nach etwa 15 Minuten kann man dann langsam sein normales Gehtempo anschlagen. Meistens ist es dann auch Zeit, noch etwas auszuziehen – auch das ein Zeichen dafür, dass der Körper jetzt warmgelaufen ist. Das Ausziehen überflüssiger Kleidungsschichten ist wichtig, um nicht übermäßig zu schwitzen. Bei dieser ersten kurzen Pause bald nach dem Start

Wichtig: frühzeitige Pausen zum Ausziehen.

Ohne Energiezufuhr geht auch am Berg nichts.

der Tour sollte man versuchen, all das zu regeln, was man vielleicht vorher vergessen hat: Sonnenbrille aufsetzen, Sonnencreme auftragen … Sonst steht man alle 10 Minuten, und das ist nicht sinnvoll, weil man nie seinen Gehrhythmus findet, ganz abgesehen davon, dass man nur langsam vorankommt.

Aber natürlich müssen auch Pausen sein. Sie gehören zu jeder Art der körperlichen Belastung. Sinnvoll ist eine erste richtige Pause nach etwa 1½ Stunden. In den Pausen sollte man immer etwas trinken und ein paar Bissen essen. Eine Dauer von zehn bis 15 Minuten ist ausreichend, zu lange sollten die Pausen nicht sein. Wichtig ist es, nach den Pausen langsam wieder in Schwung zu kommen, also nicht gleich wieder loszurennen. Die weiteren Pausen folgen in einem Abstand von etwa 1 bis 1½ Stunden.

Das Gehtempo ist individuell so verschieden, dass es schwierig ist, dazu allgemeingültige Ratschläge zu geben. Grundsätzlich sollte man sich nie restlos verausgaben. Es müssen immer Reserven da sein, selbst am Ende der Tour. Anders kann man unplanmäßige Ereignisse nicht kompensieren: Vielleicht ist mal ein Weg gesperrt oder nicht begehbar, oder eine Hütte hat wider Erwarten zu, und man muss noch weit bis ins Tal absteigen. Die Zeitersparnis durch übermäßig schnelles Gehen ist darüber hinaus gar nicht sehr groß. Wenn man auf einer Strecke von 1000

Schnelles, trainingsorientiertes Berggehen.

Höhenmetern jemandem 15 Minuten abnehmen will, muss man schon deutlich schneller gehen. Mit dem Ergebnis, am Gipfel »fertig« und geschafft zu sein, während der Nachzügler (bei gleichem Leistungsniveau) entspannt am Gipfel ankommt.

Es kann auf der anderen Seite aber auch Spaß machen, den Berg einfach nur einmal als Sportgerät zu sehen und eine Strecke, die einem gut bekannt ist, »hochzukeulen«. Das ist dann aber eher ein anstrengender Trainingslauf und keine genussreiche Wanderung.

Technik

Bergaufgehen: Jeder gesunde Mensch kann bergauf gehen, es bedarf dazu grundsätzlich keiner spezifischen Technik. Trotzdem kann man dabei auch eine Menge falsch machen – mit dem Ergebnis, schneller erschöpft zu sein und sich früher unsicher zu fühlen als ein technisch versierter Berggeher.

Die Grundhaltung beim Bergaufgehen ist ein aufrechter, je nach Steilheit leicht nach vorn gebeugter Oberkörper und eine etwa hüftbreite Schrittführung. In der Schrittausführung wird das Gewicht ausgeprägter über das Standbein verlagert, als es beim Gehen in flachem Gelände der Fall ist. Meist geschehen diese Bewegungsabläufe intuitiv. Viele Leute machen jedoch zu große Schritte.

Da das Körpergewicht einbeinig hochgestemmt werden muss, ist es wesentlich ökonomischer, viele kleine Schritte zu machen als wenige große. Eine ganz einfache Übung, um das auszuprobieren, ist das Treppensteigen. Nimmt man immer zwei Stufen gleichzeitig und will dabei nicht zu viel Kraft einsetzen, muss man sehr zügig gehen, um das Schwungmoment auszunutzen. In diesem Tempo schafft man aber nur wenige Treppenabsätze und ist dann ziemlich geschafft. Geht man langsam, wird man nie zwei Stufen gleichzeitig nehmen, weil das Hochdrücken des Gewichts unangenehm und anstrengend ist.

☞ *Kleiner Schritt hält dich fit, großer Schritt nimmt dich mit.*

Ein weiterer Fehler, den man immer wieder beobachten kann, ist das falsche Aufsetzen des Fußes bzw. der Sohle. In 90 Prozent aller Situationen ist man gut beraten, die ganze Sohle aufzusetzen und nicht nur einen Teil davon. So hat man den größtmöglichen Kontakt zum Unter-

Normales Bergaufgehen bei einem Hüttenzustieg.

grund und damit auch den besten Halt. Hinderlich können hierbei Schuhe sein, die im Schaft zu steif und unflexibel sind. Geht man in solchen (steigeisenfesten und hohen) Schuhen normal bergauf, hilft es oftmals, den Schaft entweder ganz locker oder gar nicht zu schnüren. Das bringt ein erhebliches Plus an Bewegungsspielraum nach vorne.

Kraftraubend auch am Berg: große Schritte.

Viel Kontakt: Mit ganzer Sohle auftreten.

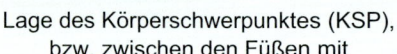

Lage des Körperschwerpunktes (KSP),   Gewicht auf einem Bein (links)
bzw. zwischen den Füßen mit

Bergabgehen: Mehr Fehler werden beim Bergabgehen gemacht. Bergab ist das Gehen grundsätzlich unangenehmer als bergauf, insbesondere wenn es steil wird. Wichtig ist daher, dass man gelenkschonend und sicher geht. Das klingt einfach, ist es aber nicht unbedingt: Zumindest braucht man zum gelenkschonenden Gehen mehr Kraft als zum normalen »Hinunterstaksen«. Wichtig ist, dass man mit leicht vorgebeugten Knien absteigt und nicht ins steife Bein »fällt« – das heißt, dass Kniegelenk und Hüfte leicht gebeugt sind und die Energie hauptsächlich über die Oberschenkelmuskulatur abgefangen wird, beim Einsatz von Stöcken auch über die Arme. Gleichzeitig muss darauf geachtet werden, dass sich der Körperschwerpunkt möglichst immer über der Trittfläche befindet.

Auch beim Absteigen sind kleine Schritte von Vorteil, vorausgesetzt, die Geländebeschaffenheit lässt dies zu.

Gehen auf Wegen und Steigen

Wenn man zwischen Wegen und Steigen unterscheidet, bereitet das Gehen auf Wegen in aller Regel keine Probleme. Die Oberflächenbeschaffenheit ist meist homogen, der Weg breit genug – oft können zwei

Personen nebeneinandergehen. Außerdem sind die Wege nur mäßig steil, nicht ausgesetzt und meist gut markiert oder ausgeschildert.

Werden die Wege schmaler und steiler, sprechen wir von Steigen. Sie können von unterschiedlicher Qualität sein; die Vielfalt reicht vom genussreichen Pfad in mäßig steilem Gelände ohne Absturzgefahr bis hin zu Pfadspuren, die

Ausgesetzt: Fehltritt nicht erlaubt.

über längere Strecken ausgesetzt sind und durch steiles, unangenehmes Gelände führen. Die Markierungen können dürftig sein, mitunter ist der gesamte Steig in einem schlechten Zustand.

Hier kommt es vor allem darauf an, gefährliche Stellen zu erkennen. Ist dies der Fall, steigen Aufmerksamkeit und Konzentration von allein. Häufig kommt man in seinem gewohnten Tempo daher und wird erst auf die besondere Situation aufmerksam, wenn man schon mitten drin steht. Anders ist die Zahl der zum Teil tödlichen Wanderunfälle nicht zu erklären, zu denen es jedes Jahr auf normalen Gebirgssteigen kommt.

Gefahr erkannt, Gefahr gebannt.

Stolperer darf man sich auf solchen Wegen nicht leisten.

Gehen im weglosen Gelände

Weglos im Gebirge »dahinzustreunen« hat einen ganz besonderen Reiz. Man muss nicht ausgetretenen Pfaden folgen, die vielleicht schon Millionen Wanderer vor einem gegangen sind, sondern man kann sich seinen Weiterweg selbst suchen. Je nach Gelände muss jeder Schritt bedacht gesetzt werden. Ohne Weg zu gehen ist sicherlich die Königsdisziplin beim Bergwandern.

Wegloses Gelände heißt in der Praxis häufig, sich in steilem Gras-, Schrofen- oder Geröllgelände zu bewegen. Hier werden Stärken und Schwächen schnell offenkundig. Wer fühlt sich noch sicher, hat ein ausgeprägtes Bewegungsgefühl und viel Bewegungserfahrung in diesem Gelände, und wer ist unsicher? Für Unerfahrene ist es oft erstaunlich, mit welch spielerischer Leichtigkeit und Sicherheit sich gute Bergsteiger in solchem Gelände fortbewegen können. Wie so oft zählt aber auch hier der Grundsatz: Übung macht den Meister. Man wird schnell feststellen, was alles möglich ist, und dann vor allem ohne Angst und damit unverkrampfter unterwegs sein.

Schutt und Geröll: Wo Berge sind, sind Schutt und Geröll. Geröll setzt sich geologisch betrachtet aus abgerundeten – eben gerollten – Gesteinsstücken zusammen. Dies geschieht durch Wassereinwirkung. Für das Gehen ist Geröll ein äußerst unangenehmer Untergrund und bedarf großer Aufmerksamkeit. Je nach Beschaffenheit des Bodens unter dem Geröll wirkt es zwischen Schuhsohle und Boden wie ein Kugellager. Durch seine runde Form verzahnt sich Geröll nicht so wie Schutt, der scharfkantig ist. Besonders wenn es auf einem festen Untergrund (Steinplatten) aufliegt, ist Geröll äußerst heikel zu begehen.

Schutt kommt deutlich öfter und vor allem in größeren Mengen vor. Gerade die Ostalpen sind geprägt von mitunter riesigen Schuttkaren. Auch dabei handelt es sich um lose Steine, allerdings sind diese nicht abgerundet. Erfahrene Berggeher haben eine wahre Freude daran, Schuttreißen »abzufahren«, also mit ihren Schuhen im Schutt hinunterzugleiten. Das geht schnell, ist knieschonend

Schutt kann auch angenehm sein.

und, sofern man es beherrscht, auch nicht besonders gefährlich. Wirklich abfahren (ohne Zwischenschritte) kann man nur in sehr steilen Rinnen mit recht feinen Steinen. In der Mehrzahl der Fälle macht man lange Schritte und gleitet dann bei jedem Schritt einige Meter weit. Dazu setzt man ausnahmsweise die Beine mehr oder weniger steif mit den Fersen zuerst im lockeren Gestein auf. Der Oberkörper bleibt aufrecht über der Standfläche. Wichtig ist vor allem, dass man sich nicht nach hinten lehnt, sonst liegt man meist recht schnell auf seinem Hinterteil.

Abfahren im Schutt.

Bergauf hingegen ist Schutt oft eine Qual. Nicht selten macht man »einen Schritt vor, zwei zurück«. Hier hilft oft nur eins: Zähne zusammenbeißen und durch. Man sollte genau schauen, wo sich die beste Anstiegslinie befindet, und jede Möglichkeit nützen, um auf festeren Untergrund zu treten. Das können Mulden und Dellen sein, aber auch größere Steine. Steine werden – wie immer in steilem Gelände – möglichst weit bergseitig angetreten, um die Gefahr zu vermindern, dass sie wegkippen oder -rollen.

Lose Steine innen antreten ...

... außen »hebelt« man sie weg.

Steile Grashänge können, besonders wenn sie feucht sind, gefährlich sein.

Gras: Was erst einmal gar nicht nach alpinem Gelände klingt, kann ein durchaus ernst zu nehmendes Hindernis darstellen. Besonders in den Allgäuer Alpen gibt es Grashänge von enormer Steilheit, die nicht mehr ohne Weiteres begangen werden können. Allgäuer Bergsteiger haben teilweise abenteuerliche Mittel und Wege gefunden, um steile Grasflanken zu begehen: mit Seilsicherung und in Seilschaft, wobei als Sicherung lange Firnanker dienen, die normalerweise im Schnee zum Einsatz kommen.

Über Grashänge bewegt sich der Wanderer meist auf Wegen oder Trittspuren. Man sollte sich aber bewusst sein, dass ein Verlassen des Weges oder ein Stolpern ernsthafte Folgen haben kann. Muss man einen weglosen Grashang begehen, sollte man sich den Bereich aussuchen, der am stärksten strukturiert ist. Grasbüschel, Verflachungen oder Steine bieten teilweise gute Trittmöglichkeiten, auch wenn sie oft einen labilen Eindruck machen. Tritt man sie ganz nahe am Berg an, halten sie oft überraschend viel. Hier kommt die ganze Sohle (oder das, was von der Sohle auf den Tritt passt) zum Einsatz. Bieten sich keine Trittmöglichkeiten an, ist es in weichem Gras das Beste, die Kanten der Schuhe zu benutzen. Dazu tritt man mit den Schuhen fest – meist seitlich – in den Hang. Mit der Zeit entwickelt man ein Gespür dafür, was hält und was eher nicht hält.

Kritisch wird es, wenn das Gras nass ist. Das kann früh am Morgen durch Tau der Fall sein, aber natürlich auch nach Regen. Nasses Gras ist extrem rutschig; wenn man darauf ausgleitet, hat man Mühe, den Sturz zu bremsen. Hier hilft nur die aus dem Schnee bekannte Liegestütztechnik (vgl. Kapitel »Bremsen im Schnee«, S. 106). Muss man einen steilen Wiesenhang begehen und hat Steigeisen dabei, dürfen auch sie zum Einsatz kommen – allerdings sollte das nicht zur Regel werden, weil auf diese Weise die Erosion

Wenn sonst nichts mehr geht: Mit den Kanten der Schuhe antreten.

enorm begünstigt wird. Wenn man sich nicht sicher fühlt, ist es keine Schande, aufgrund eines nassen Grashanges die Tour abzubrechen.

Tipp *Steile Wiesen- oder Grashänge, die feucht oder nass sind, sollte man nach Möglichkeit meiden – und wenn man sie doch begeht, nur mit großer Vorsicht!*

Laub: Mit Laub verhält es sich ähnlich wie mit Gras. Allerdings mit einer zusätzlichen Tücke: Eine geschlossene Laubschicht verdeckt den Untergrund und verlangt daher noch mehr Aufmerksamkeit. Besonders auf Wegen, die durch dicht bewaldete Bereiche führen, liegt im Herbst mitunter eine Unmenge Laub, das Wurzeln oder Steine verdeckt. Hier ist besondere Vorsicht gefragt. Oft hilft es, mit dem Fuß vorsichtig vorzufühlen. Auch hier gilt: Wenn das Laub nass ist, sollte man besonders sorgsam unterwegs sein.

Dünne Schneeauflage: Im Herbst, wenn die Luft klar und das Wetter meist stabil ist, sind Bergtouren besonders reizvoll. Wenn aber die Herbstsonne nicht lacht, kann es im Spätsommer oder im Herbst auch gleich einmal zu schneien beginnen (was einem übrigens auch im Sommer in Höhen bis unterhalb von 2000 Metern passieren kann). Eine dünne, feuchte Schneeauflage ist so ziemlich das Unangenehmste, was man sich denken kann: Meist reicht die Schneemenge nicht aus, um im Schnee zu laufen, den Untergrund sieht man aber nicht mehr, und außerdem ist er nass und rutschig. Hat es wider Erwarten geschneit, sollte man zunächst seine Tourenplanung überdenken. Viele Touren werden mit einer dünnen Schneeauflage zu einer gefährlichen Schlittertour. Lässt es der Zeitplan zu und scheint die Sonne, kann es das Einfachste sein, ein paar Stunden zu warten. Oft ist eine dünne Schneedecke auch sehr schnell wieder weg.

Kann man – aus welchen Gründen auch immer – nicht auf eine Besserung der Situation warten, muss man mit äußerster Vorsicht unterwegs sein. Plattige Steine sowie Wiesen- und Grasbereiche werden durch eine dünne Schneeauflage zu Rutschbahnen. Einigermaßen sicher tritt man auf scharfkantige Steine. Manchmal ist es auch das Beste, neben dem Weg

Wanderer vor frisch angeschneitem Berg (Gran Sasso).

Neuschnee – und plötzlich ist eine harmlose Wanderung ein ernsthaftes Unternehmen.

zu gehen. Ist man nicht gerade auf ebenen Forstwegen unterwegs, verlangt verschneites Gelände in jedem Fall höchste Aufmerksamkeit und Vorsicht.

Gehen mit Stöcken

Aus dem alpinen Alltagsbild sind sie nicht mehr wegzudenken: die Bergstöcke. In der Regel sind diese Stöcke dreiteilig, je nach Modell auch vierteilig. Dadurch kann man sie bei Nichtgebrauch klein zusammenschieben und am Rucksack befestigen. Viele Rucksäcke bieten dazu spezielle Befestigungsmöglichkeiten. Neben den Teleskopstöcken gibt es inzwischen sogenannte Faltstöcke, die den Vorteil haben, dass man sie zusammengefaltet meist innen in den Rucksack stecken kann. Das kann vor allem dann sinnvoll sein, wenn man nach einem Zustieg, bei dem man die Stöcke verwendet, technische Passagen hat, wo die Stöcke wenig hilfreich sind. Grundsätzlich ist es absolut empfehlenswert, mit Stöcken zu gehen. Beim Bergaufgehen unterstützen sie die Hubarbeit der Beine – gerade in Gelände mit großen

Bergstöcke am Rucksack befestigt – allerdings besser mit den Spitzen nach unten!

Stufen oder Absätzen eine nicht zu verachtende Erleichterung. Außerdem wird bei einem betonten Stockeinsatz die Arm- und Schultermuskulatur trainiert. An heiklen Stellen können Stöcke sehr hilfreich sein, um die Balance zu halten, beispielsweise bei Bachquerungen. Auf der anderen Seite sollte man in absturzgefährdetem Gelände die Stöcke eher wegstecken, da sie in solchen Passagen eher hinderlich sind. Beim Bergabgehen entlasten sie, den richtigen Einsatz vorausgesetzt, Fußgelenke, Knie, Hüften und die Wirbelsäule um bis zu 20 Prozent. Bei längeren Abstiegen mit schwerem Rucksack ist das ein wichtiger Aspekt, der sich beziffern lässt: Die Gelenke können auf einer langen Bergtour um bis zu 250 Tonnen (!) entlastet werden.

Länge der Stöcke: Teleskopstöcke kann man in der Länge verstellen und das sollte man ausnutzen. Bergauf sollten sie in etwa so eingestellt sein, dass das Ellbogengelenk eine rechtwinklige Position hat, wenn man am Hang steht. So hat man die beste Kraftübertragung, ohne die Hände zu hoch zu haben.

Für den Abstieg kommt es sehr auf das Gelände an: Bei langen Abstiegen beispielsweise über Forstwege macht man die Stöcke lang. So kann man am besten Kraft übertragen. Auf Wegen, die durch hohe Stufen und steile Stellen geprägt sind, ist es günstiger den Stock kürzer zu machen und so von oben auf den Stock zu stützen. Dabei neigt man den Oberkörper dann leicht nach vorne.

Auch beim Abstieg im losen Schutt sind Stöcke hilfreich.

Der richtige Einsatz: Es gibt zwei verschiedene Möglichkeiten, die Stöcke bergab effektiv einzusetzen. Vor allem bei hohen Stufen und in sehr steilem Gelände ist der Doppelstockeinsatz sinnvoll. Dabei wird die meiste Kraft übertragen. Der Nachteil ist, dass man die Stöcke nur bei jedem zweiten Schritt einsetzen kann (außer man geht sehr langsam). Ist das Gelände relativ homogen und nicht zu steil, kann man auch einen wechselseitigen Stockeinsatz anwenden. Dabei wird der linke Stock nach vorne gesetzt, wenn das rechte Bein vorne ist, und umgekehrt. Von Vorteil ist dabei, dass man bei jedem Schritt eine Entlastung hat (die dafür allerdings nicht so effektiv ist wie beim Einsatz von beiden Stöcken gleichzeitig). Die Praxis sieht meist so aus, dass man immer wieder zwischen beiden Techniken wechselt. In flachen Passagen ist es auch sinnvoll, die Stöcke gar nicht einzusetzen und so den Handgelenken und Schultern eine kurze Pause zu gönnen.

Tipp   *Gehen mit Stöcken entspricht einem Gehen auf vier Beinen. Das bringt viele Vorteile, aber auch Nachteile: Die Koordinationsfähigkeit lässt nach, wenn man immer und überall mit Stöcken geht. Daher ist es von Vorteil, zwischendurch immer mal wieder ohne Stöcke zu gehen, insbesondere in technisch anspruchsvollen Passagen wie in Blockgelände oder auf schwierigen Wegen.*

Entweder man macht einen Doppelstockeinsatz …

… oder man setzt die Stöcke abwechselnd ein.

Schrofen und Fels

Gesicherte Wege und Steige

Manche Wege und Steige sind so steil und ausgesetzt, dass Betreiber und/oder Verantwortliche Sicherungen anbringen. Verantwortliche sind in den meisten Fällen Alpenvereine, Tourismusverbände oder Gemeinden. Die Gründe für Sicherungen sind mehrschichtig: Zum einen ist Tourismusverbänden natürlich daran gelegen, dass Besucher sich wohlfühlen und dass sie ein möglichst großes Wegenetz vorfinden, das auch weniger Geübte benutzen können. Zum anderen ist das Ganze mitunter auch eine versicherungstechnische Frage, und im Zweifelsfall installiert man vorsichtshalber lieber einmal ein Geländer oder ein Seil.

Einfachste Sicherungen sind Seilgeländer. Man findet sie häufig schon auf Zustiegen zu Hütten. Meist handelt es sich um kurze exponierte Stellen oder Passagen, wo der Weg schmal oder besonders schlecht ist. Der Berggeher hat hier die Möglichkeit, sich durch Festhalten am Geländer sicherer zu fühlen. Man sollte aber diesen einfachen Seilgeländern nicht blind vertrauen. Teilweise sind sie ganz schön in die Jahre gekommen und können recht marode sein. Also lieber nicht mit dem ganzen Körpergewicht daranhängen oder dagegenlehnen!

Es gibt zwei Arten von Geländern, die talseitigen und die bergseitigen. Leichter zu installieren sind die bergseitigen Geländer, weil man hier Fixpunkte leichter verankern kann. Vielen, gerade ungeübten Benutzern sind allerdings die talseitigen Geländer lieber, weil sie eine Barriere zwischen sich und dem Abgrund bilden. Ihre Anbringung ist meist deutlich aufwendiger, weil oftmals Haltepfosten installiert werden müssen.

Auf anspruchsvolleren Steigen finden sich Sicherungen oft über längere Passagen. Auch wenn es sich noch nicht um Klettersteige handelt, sind diese Wege von den Sicherungen her Klettersteigen sehr ähnlich – mit dem Unterschied, dass man auf gesicherten Steigen meist noch gehen oder

Bergseitiges Seil als Geländer.

Talseitiges Seilgeländer als Schutz vor Absturz.

eben steigen kann. Auf richtigen Klettersteigen wird dann mehr geklettert, die Arme müssen einen größeren Teil der Halte- und Hubarbeit übernehmen.

Sichern – ja oder nein?

Auf gesicherten Steigen passieren relativ viele und meist schwere Unfälle. Während auf Klettersteigen klar ist, dass man sich sichert, ist das auf gesicherten Steigen meist nicht üblich. Aus mehreren Gründen:

☞ Für versierte Bergsteiger ist es »uncool«, sich am Geländer festzuhalten oder gar mit einer Sicherung einzuhängen.

☞ Normale Bergwanderer haben oft keine Ausrüstung, um sich über ein einfaches Festhalten hinaus zu sichern.

☞ Oft wird die Gefahr nicht als solche wahrgenommen.

Bei einer guten Tourenplanung sollte man nicht unvorbereitet vor einem gesicherten Steig stehen. Aufgrund der Beschreibung und Beschilderung muss jedem klar sein, was einen erwartet und welche Ausrüstung dafür nötig ist. Und wer nicht sicher ist, sollte sich einhängen. Auch (vermeintlich) sichere Geher sollten sich nicht scheuen, sich am Sicherungsseil festzuhalten.

Wie sichert man sich?

Die sinnvollste und solideste Art der Sicherung ist die gleiche Methode wie auf Klettersteigen. Dabei kommen Gurt und Klettersteigset zum Einsatz (vgl. Kapitel »Klettersteige«, S. 83). Wer kein Klettersteigset hat, kann sich auf gesicherten Steigen **(aber nur dort!)** gegebenenfalls auch einmal mit einer Bandschlinge sichern. Dazu bindet man die Bandschlinge mittels Ankerstich in die Sicherungsschlaufe des Gurtes ein und klinkt in das freie Ende einen Karabiner. Diesen Karabiner hängt man nun in das Geländerseil ein. Beim Umhängen ist man zwar kurzzeitig ungesichert, aber es sollte sich auf dieser Art von Steigen immer eine so gute Position finden lassen, dass dies kein Problem darstellt.

 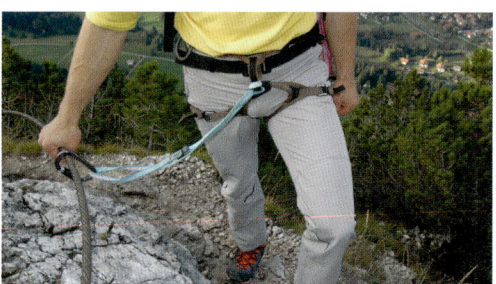

Bei horizontal verlaufendem Geländer kann man sich auch mit einer Bandschlinge sichern.

Um beim Umklinken dauerhaft gesichert zu sein, müsste man zwei Bandschlingen verwenden. Das ist aber nicht sinnvoll, denn dann ist die Versuchung groß, das auf Klettersteigen auch zu tun. Was extrem gefährlich wäre, weil fixierte Bandschlingen keine dynamische Sicherung darstellen und schon ein kleiner Sturz schwerste Verletzungen zur Folge hätte. Die Sicherung mit der Bandschlinge dient lediglich dazu, ein Stolpern oder einen Ausrutscher zu halten. Ein freier Sturz kann in solchem Gelände nicht vorkommen. Darüber hinaus hat die Sicherung meist eine ganz andere Funktion: Sie dient der Nervenberuhigung.

Wer keinen Gurt hat, kann sich nicht nachhaltig sichern. Wem in solchen Situationen das Festhalten nicht reicht, der sollte umdrehen und anders ausgerüstet wiederkommen. Um das abschließend noch mal deutlich zu sagen: Ein Bandschlinge dient NICHT dazu, sich in einem Gelände, in dem ein Sturz in die Bandschlinge vorkommen kann, zu sichern!

Ausrüstung zum Begehen von gesicherten Steigen:
- normale Wanderausrüstung incl. fester Schuhe
- Klettergurt
- Klettersteigset oder eine Bandschlinge (120 cm Länge)
- mindestens einen Verschlusskarabiner (am besten Klettersteigkarabiner)

Klettersteige

Klettersteige erfreuen sich zunehmender Beliebtheit. Sie eröffnen einem ambitionierten, schwindelfreien Bergsteiger das Terrain, in das sonst nur Kletterer vordringen können.

Klettersteige zeichnen sich dadurch aus, dass sie überall dort, wo Absturzgefahr besteht, eine lückenlose Sicherungsmöglichkeit aufweisen. Allerdings ist der Übergang von gesicherten Wegen zu Klettersteigen fließend. In den meisten Fällen besteht die Sicherungsmöglichkeit aus einem Drahtseil von etwa 9 bis 15 Millimeter Dicke. Das Drahtseil ist mit soliden Eisenstiften im Fels befestigt. Je nach Steilheit und Schwierigkeit variiert der Abstand dieser Eisenstifte. Das ist insofern wichtig, als die Eisenstifte die Fixpunkte sind, an denen ein Sturz abgefangen wird. Ist der Abstand zwischen den Stiften groß, kann die Sturzhöhe beträchtlich

Je größer der Abstand der Eisenstifte ist, desto größer ist die mögliche Sturzhöhe.

sein, ist der Abstand kleiner, verringert sich auch die maximal mögliche Sturzhöhe. Auf Klettersteigen ist man nicht auf einen Sicherungspartner angewiesen, wie das beim Klettern der Fall ist. Daher bieten Klettersteige auch die Möglichkeit, Touren allein zu unternehmen. Wobei man sich – egal ob auf Klettersteigen oder bei sonstigen Touren – im Gebirge darüber im Klaren sein muss, dass Touren allein immer ein höheres Risikopotenzial bergen als Touren mit Partnern. Passiert etwas und man ist allein unterwegs, ist niemand da, der einem hilft oder der Hilfe holen kann.

Neben der Sicherungsmöglichkeit weisen Klettersteige auch häufig Hilfs-mittel zur Fortbewegung auf. Das können komplette Leitern mit Sprossen und Geländer oder einzelne Krampen, aber auch Stahlstifte oder Stufen sein. Häufig muss (oder kann) man aber auch die natürlichen Haltepunkte (Griffe und Tritte im Fels) zur Fortbewegung benutzen.

Ältere Klettersteige erschließen häufig Gipfel oder markante Punkte. Gerade in den Dolomiten sind viele der klassischen »Vie ferrate« (Eisen-wege) zu finden. Diese sind häufig lang und führen durchs Hochgebirge. Neuerdings geht der Trend hin zu sogenannten Sportklettersteigen. Die-se befinden sich oft in Talnähe, haben kurze Zustiege, sind meist deut-lich kürzer, dafür aber viel schwieriger. Lange, senkrechte oder gar über-hängende Passagen sind keine Seltenheit, spektakuläre Seilbrücken oder Überquerungen von Schluchten sollen den ultimativen Kick auslö-sen. Solche Klettersteige stehen richtigen Klettereien in punkto Kraft und Technik häufig in nichts nach.

Ausrüstung

Klettersteigset: Das Kernstück der Klettersteigausrüstung ist das Klet-tersteigset. Früher gab es verschiedene Formen, heute hat sich die so-genannte Y-Form durchgesetzt. Diese hat gegenüber älteren Versionen den Vorteil, dass man beide Enden des Sets in das Sicherungsseil ein-hängen darf (oder sogar sollte) und nicht, wie früher bei der alten V-Form üblich, nur ein Ende. Klettersteigsets bestehen aus einer Einbindeschlin-

Ein modernes Klettersteigset mit gerafften Enden (elastisch) und Aufreißdämpfer.

ge, einem Bremselement sowie den beiden Enden mit den Klettersteigkarabinern. Bei modernen Sets sind häufig die Enden mittels elastischer Bänder gerafft. Dadurch baumeln sie nicht immer weit unter einem, man muss sie sich nicht vor jedem Umklinken erneut »angeln«, sondern sie sind dichter am Körper, haben aber trotzdem die gleiche Gebrauchs-

Fixierter Klettersteigkarabiner.

länge. Die neueste Entwicklung sind Klettersteigsets, deren Bremswirkung abhängig vom Gewicht des Nutzers ist. Somit gibt es endlich auch für leichte Klettersteiggeher – Frauen und Kinder – ein geeignetes Set. An den Enden befinden sich die Klettersteigkarabiner. Sie müssen gemäß der Norm eine Verschlusssicherung aufweisen. In den letzten Jahren sind auf dem Markt diverse Variationen erschienen. Die meisten Klettersteigkarabiner haben heutzutage eine Handballensicherung. Diese lassen sich nur dann öffnen, wenn auf dem schnapperfernen Schenkel der Federmechanismus bedient wird. Dies ist automatisch der Fall, wenn man den Karabiner in die Hand nimmt. Andere Karabiner haben einen klassischen Schiebeverschluss am Schnapper.

Auch die Formen der Bremsen variieren. Am häufigsten findet man heute sogenannte Aufreißdämpfer oder Bandfalldämpfer. Diese Syteme haben den Vorteil, dass der Mechanismus geschützt in einem Täschchen aufbewahrt ist und somit quasi nicht verschleißt. Einmal ausgelöst (durch einen Sturz), müssen die Aufreißdämpfer aussortiert werden. Die Sets werden heutzutage alle mit einem einfachen Ankerstich im Sicherungspunkt des Gurtes befestigt. Früher war dazu ein aufwendiges Einknotmanöver notwendig. Außerdem ist das Bremsseil, dessen Verstauen früher oft lästig war, bei modernen Sets in einer Art Täschchen sauber aufgehoben und behindert so Klettersteiggeher nicht beim Steigen.

Gurt: Ein Hüftgurt ist zum absoluten Standard geworden, man findet auf dem Ausrüstungsmarkt fast nichts anderes mehr. Ob man zusätzlich zum Hüftgurt einen Brustgurt verwendet, muss jeder für sich selbst entscheiden. Neuere Untersuchungen haben gezeigt, dass auch ohne die zusätzliche Verwendung eines Brustgurtes kein erhöhtes Verletzungsrisiko besteht. Sinnvoll ist ein Brustgurt bei Kindern (anderer Körperschwer-

Ein voll verstellbarer Universalgurt.

punkt als Erwachsene), bei ungeübten und übergewichtigen Erwachsenen und dann, wenn man einen schweren Rucksack trägt.

Wer einen verstellbaren Hüftgurt besitzt, hat den Vorteil, dass er ein und denselben Gurt für vieles verwenden kann (Klettern, Klettersteige, Hochtouren), weil er die Beinschlaufen den Bedingungen (der Bekleidung) anpassen kann. Ein Hängetest im Sportgeschäft gibt einigermaßen Aufschluss darüber, ob der Gurt bequem ist oder eher nicht. Beim Kauf auf jeden Fall verschiedene Gurte ausprobieren!

Helm: Er sollte bequem und leicht sein. Es gibt Hartschalenhelme und In-Mold-Helme, die für den Laien aussehen wie Styroporhelme. Hartschalenhelme sind etwas robuster gegen leichte Stöße und beim Transport, sind aber etwas schwerer. Ansonsten gilt auch für Helme: Sicher sind alle, da es eine Norm gibt.

Funktioneller Bergsporthelm.

Handschuhe: Sie erfüllen auf einem Klettersteig zweierlei Zwecke – sie sollen schützen und den Griff verbessern. Es kommt auf Klettersteigen nicht selten vor, dass kleine Splinte vom Drahtseil abstehen, an denen man sich böse verletzen kann. Handschuhe sind hier ein guter Schutz. Außerdem greift man mit Klettersteighandschuhen – die Fahrradhandschuhen sehr ähnlich sehen – viel besser, da die Drahtseile oft recht dünn sind und ein guter Grip an diesen dünnen Seilen nur schwer möglich ist. Mit Handschuhen, die in der Handfläche gepolstert sind, braucht man weniger Kraft.

Bewegungstechnik

Spezifische Ausrüstung für Klettersteige:

- Klettergurt
- Klettersteigset
- Helm
- Handschuhe
- evtl. kurzes Seil (ca. 20 m)

Auch Handschuhe können sinnvoll sein.

Auf leichteren Klettersteigen wechselt eine Geh- und Steigtechnik mit den grundlegenden Klettertechniken ständig ab. Grundsätzlich sollte man darauf achten, dass die Beine die Hubarbeit übernehmen. Solange es möglich ist, dienen die Arme nur zur Stabilisierung und zur Erhaltung des Gleichgewichts. Man sollte so wenig wie möglich versuchen, sich mit den Armen hochzuziehen. Wie beim Steigen im Gelände gilt es

Komfortabel: Mit dem Fuß auf einer Krampe ...

auch am Klettersteig, darauf zu achten, möglichst kleine Schritte zu machen.

Auf normalen Klettersteigen sind glatte Wandstellen durch verschiedene Tritthilfen so begehbar gemacht, dass man nicht am Fels antreten muss, wenn keine natürlichen Tritte da sind. Häufig ist es hier wichtig, mit dem richtigen Fuß anzufangen, weil die Tritthilfen so angebracht sind, dass ein Rechts-links-Ablauf möglich ist. Merkt man nach dem ersten Schritt, dass man mit dem falschen Fuß begonnen hat, steigt man am besten wieder herunter und fängt anders an. Auf breiten Krampen ist aber meist auch ein Fußwechsel möglich. Um Kraft zu sparen, tritt man auf den Krampen immer mit der Mitte der Sohle (des Fußes) an und nicht mit der Fußspitze. So steht man am sichersten und am bequemsten.

... oder auf soliden Eisentritten – gut sind hier stabile Schuhe.

Sicherungstechnik

Wo ein Drahtseil vorhanden ist, sollte man sich auch einhängen. Dazu werden beide Enden des Klettersteigsets mit den Karabinern in das Seil eingehängt. Stürzt man, sorgt der Dämpfer des Klettersteigsets dafür, dass der Sturz möglichst weich abgefangen wird. Die Ausrüstung für Klettersteige ist ausgereift. Neue Klettersteigsets sollten die Norm EN 958:2017 erfüllen. Das ist an dem Annäher am Produkt aufgedruckt.

An jeder Fixierung des Sicherungsseils muss man die Karabiner des Klettersteigsets umhängen. Dazu verfährt man wie folgt:

Hat ein Klettersteig viele Befestigungspunkte, ist man ständig mit dem Umklinken beschäftigt. Auf solchen Passagen sollte man sich nicht dazu

Sicheren Stand suchen und den vorderen Karabiner umklinken.	Nun den zweiten Karabiner unten ausklinken und oberhalb der Sicherung wieder einklinken.	Nun die Hand möglichst unter den Karabinern an das Seil und weitergehen.

verleiten lassen, sich nicht zu sichern. Auf steilen Klettersteigen ist es lästig, die Enden des Sets immer von weit unten zu »angeln« und dann umzuhängen. Zum Schieben der Karabiner ist es daher sinnvoll, die Hand, die sich am Drahtseil befindet, unterhalb der Karabiner zu platzieren. So schiebt man die Karabiner immer auf Brusthöhe vor sich her und kann sie einfacher umklinken. Bei Benutzung eines gerafften Klettersteigsets entfällt dieses Problem zum Teil.

Wer mit unerfahrenen Leuten auf Klettersteigen unterwegs ist und die Sicherungstechniken aus dem Klettern in Seilschaft beherrscht, der sollte vorsorglich ein Seilstück von 20 bis 30 Metern mitnehmen. Auf besonders steilen oder schwierigen Passagen lässt sich dann eine Person zu-

| Eine Hand sollte unter den Karabinern sein … | … sonst hängen diese immer weit unten. |

sätzlich von oben sichern. Dann kann kein freier Sturz mehr vorkommen, sondern nur noch ein Rutscher ins Seil.

Gefahren und Risiko

Die Ausrüstung für Klettersteige ist relativ ausgereift, technisches Versagen ist in den seltensten Fällen der Grund für Unfälle. Meist sind Fehler in der Bedienung oder externe Gründe die Unfallursache. Auf Klettersteigen bewegt man sich in steilem Gelände – alpinen Gefahren wie Steinschlag oder Wettersturz ist man dort also immer ausgesetzt (vgl. Kapitel »Alpine Gefahren«, S. 132).

Befinden sich andere Klettersteiggeher über einem, sollte man so lange warten, bis ein Steinschlagrisiko auszuschließen ist. Weil man mit dem Set am Drahtseil fixiert ist, hat man oft wenig Möglichkeiten, einem herabfallenden Stein auszuweichen.

Bei Wetterstürzen, insbesondere bei Gewittern, hat man am Klettersteig besonders schlechte Karten. Deshalb gilt: Bei Gewitterneigung nicht in Klettersteige einsteigen. Schließlich turnt zu Hause bei Gewitter auch niemand an seinem Blitzableiter herum. Überrascht einen dennoch ein Gewitter, sollte man versuchen, so schnell wie möglich von exponierten Stellen und von der Steiganlage wegzukommen.

Ein häufiger Grund für Bergwachteinsätze sind falsche Tourenplanung und Selbstüberschatzung. Auf Klettersteigen ist man langsa-

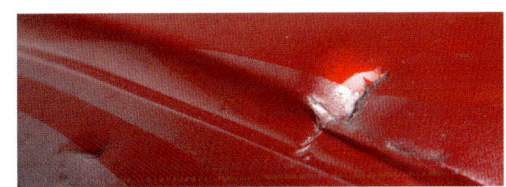

Steinschlagschaden an einem Helm.

mer unterwegs als auf normalen Wegen. Befindet sich eine größere, langsame Gruppe vor einem, kann man meist nicht oder nur an wenigen Stellen überholen. Das sollte man bei der Zeitplanung bedenken. Zudem kommt gerade für Neulinge die ungewohnte Steilheit des Geländes dazu – eine psychische Belastung, der manche nicht gewachsen sind. Nach der Statistik gelten die meisten Bergwachteinsätze an Klettersteigen Personen, die sich weder vor noch zurück trauen, die unverletzt sind, aber eine sogenannte »Blockade« haben.

Leichtes Klettern

Wer sein Niveau langsam anheben möchte, nicht immer nur auf breiten, markierten Steigen unterwegs sein will, sondern auch mal abgelegene und anspruchsvollere Gipfel ersteigen möchte, der wird früher oder später in Gelände kommen, wo man mit einfachem Steigen nicht mehr weiterkommt. Die Grenze zwischen Steigen und Klettern ist fließend. Man klettert nicht zwangsläufig, wenn man eine Hand zu Hilfe nimmt. Wenn dauerhaft ein bis zwei Hände eingesetzt werden, kann man aber sicherlich von Klettern reden.

Beim Klettern ist es wichtig, immer seinen Körperschwerpunkt zu kontrollieren und das Gleichgewicht zu behalten. Der Körperschwerpunkt ist ein theoretischer Punkt im Körper, der je nach Stellung und Position seine Lage verändert. In der normalen, stehenden Position befindet sich der Körperschwerpunkt in etwa in Bauchnabelhöhe vor der Wirbelsäule. Er kann sich aber auch außerhalb des Körpers befinden. In der Leichtathletik beispielsweise geht beim Hochsprung (Flop-Technik) der Körperschwerpunkt unter der Latte hindurch, während sich der Körper über die Latte windet. Das ist aufgrund der extremen Bogenspannung möglich.

Noch nicht klettern, nicht mehr gehen ...

Techniken

Eine grundlegende Technik des Kletterns ist das sichere Treten. Um mit dem Fuß sicher aufzutreten, braucht man Zeit. Er muss kontrolliert gesetzt werden. Das ist nur möglich, wenn man ihn unbelastet anheben kann – diesen Vorgang nennt man »unbelastetes Antreten«.

Um einen Fuß unbelastet heben zu können, muss das gesamte Körpergewicht auf dem anderen Fuß lasten. Um das zu erreichen, bewegt man den Körperschwerpunkt über das Bein, auf dem man stehen will. Das ist im Gelände nicht immer ganz einfach. Oftmals ist es aber möglich, das labile Gleichgewicht, das in dieser Phase kurzfristig entstehen kann – auf einem Bein zu stehen ist nicht ganz leicht und erfordert einen guten Gleichgewichtssinn –, mit den Armen zu stabilisieren.

Übung zum unbelasteten Antreten: Verschiebung des Körperschwerpunktes über das Standbein.

Zu diesem Vorgang des unbelasteten Antretens gibt es eine plakative Übung: Man stellt sich etwas mehr als schulterbreit hin und hebt ein Bein. Dabei beobachtet man, wie der Körperschwerpunkt reagiert: Man schiebt das Becken über das Standbein. Genau das muss in dieser Situation auch am Fels geschehen. Grundsätzlich sollte man dabei die Schrittgröße so wählen wie beim Steigen auch: nicht zu groß. Der Krafteinsatz bei einem großen Schritt ist gemessen am Erfolg (dem Höhengewinn) unangemessen groß. Außerdem begibt man sich dabei oft in ein labiles Gleichgewicht, weil der Körperschwerpunkt nicht kontrolliert über das neue Standbein bewegt werden kann.

Im Normalfall klettert man frontal, das heißt mit dem Gesicht bzw. dem Oberkörper zum Fels hin gewandt (beim Sportklettern in schwierigerem Gelände ist das anders). Die Hubarbeit, also das Aufrichten nach einem

Stabile Position suchen.

Einen Fuß unter den Körperschwerpunkt setzen.

Hochdrücken aus dem Bein.

Zweites Bein höher setzen.

Schritt, sollte fast ausschließlich über die Beine geschehen. Die Arme stabilisieren die Position und unterstützen wenn nötig die Beine. Wer übermäßig viel und kraftvoll mit den Armen arbeitet, wird schnell feststellen, wie ermüdend das ist.

Für die Fortbewegung ist es am günstigsten, Tritte unter dem Körperschwerpunkt zu wählen – so setzt man die Hubkraft am effektivsten ein. Will man eine stabile Position einnehmen, um sich einen Überblick zu verschaffen, ist es günstiger, etwas breitbeiniger zu stehen. In der Klettersprache nennt man das »Ausspreizen«. Will man sich aus dieser Position weiter nach oben bewegen, sucht man sich erneut einen Tritt direkt vor dem Körper und steigt höher. Die Hände sollten nicht zu hoch eingesetzt werden, weil man sonst

Schlecht: überstreckt hochgreifen.

schnell in eine überstreckte Position gerät und eher sein Gleichgewicht verliert.

Eine optimale Höhe zum Fassen von Griffen ist zwischen Augenhöhe und nicht ganz (nach oben) gestreckten Armen. In diesem Bereich lässt sich die meiste Kraft einsetzen und man steht am stabilsten.

Abstieg: Was man aufgestiegen ist, muss man irgendwann und irgendwie auch wieder hinunter. Entweder hat man als Abstiegsroute einen leichteren Weg zur Verfügung, oder man steigt denselben Weg wieder ab. Schon als Kind beim Klettern auf einen Baum ist wahrscheinlich jedem klar geworden, dass es hinunter viel schwieriger geht als hinauf. Das hat mehrere Gründe. Der Hauptgrund sitzt tief in uns drin – die Psyche. Denn wenn man taloffen, also mit dem Gesicht zum Tal, absteigt, schaut man ständig nach unten, dahin, wohin man fallen würde, wenn man fällt. Wer sich hier nicht absolut sicher bewegt, bekommt Angst und steigt in der Folge noch unsicherer – ein Teufelskreis.

Rückwärts abzuklettern ist nicht in jedem Fall die bessere Lösung. Es ist in erster Linie ein Trick, der helfen soll, die Psyche zu überwinden, weil man nicht mehr in den Abgrund schaut. Doch solange man sich in leichter Kletterei (Einser-Gelände) oder im Schrofengelände bewegt, ist es meist besser, mit dem Gesicht zum Tal abzusteigen. Die Vorteile liegen

Reine Kopfsache: Taloffenes Absteigen.

auf der Hand: Die Übersicht ist deutlich besser, man sieht genau, wo als Nächstes hingetreten und -gegriffen werden muss, und auch das ständige Durchschauen zwischen den Beinen entfällt, das beim Rückwärtsklettern nötig ist.

Eine sehr effektive und gute Methode zum Abklettern ist das Stützen. Man kann es sowohl beim Rückwärtsabklettern wie auch beim taloffenen Abklettern gut und variabel einsetzen. Wenn eine Hand einen guten Griff hat, kann die andere einfach als Stütze seitlich vom Körper eingesetzt werden. Ein weiterer Vorteil ist der, dass man zum Stützen keinen Griff, sondern nur eine solide Fläche oder einen Vorsprung braucht. Es können auch beide Hände stützend eingesetzt werden. Dazu bedarf es aber einer gehörigen Portion Stützkraft, weil man in dieser Situation oftmals beide Beine gleichzeitig bewegt und das gesamte Gewicht auf den Armen ruht. Manche Geländeformationen bieten sich dafür geradezu an – besonders Rinnen lassen sich meist hervorragend »hinunterstützen«.

Man kann auch eine Mischform zwischen Rückwärtsabklettern und taloffenem Abklettern wählen: das seitliche Absteigen. Wichtig ist bei allen Formen des Abkletterns, dass sie kontrolliert vor sich gehen. Dann wird auch der Kopf nicht blockieren, und mit der Zeit bekommt man richtig Spaß am Schrofengelände oder an leichter Kletterei. Sogar im Abstieg!

Gefahren

Gerade im Schrofengelände ist es wichtig, darauf zu achten, dass die Griffe und Tritte, die man belastet, fest sind. Auch vermeintlich feste Kanten, Zacken oder Griffe im Fels können unvermittelt ab- oder ausbrechen. Darum sollte man sich die Tritte und Griffe gut aussuchen und vor der Belastung immer kurz prüfen. Das geschieht am einfachsten, indem man gegen die Griffe leicht schlägt, bevor man sie belastet, entsprechend gegen die Tritte leicht tritt. Allein der Klang des Griffs oder Tritts kann einem erfahrenen Bergsteiger viel über dessen Beschaffenheit verraten. Mit etwas Erfahrung lernt man einzuschätzen, was fest ist und wovon man lieber die Finger (oder den Fuß) lässt.

Eine weitere Gefahr ist der Steinschlag. In steilerem Gelände liegen meist lose Steine herum, die man tunlichst nicht abtreten sollte. Besondere Vorsicht ist angebracht, wenn andere Bergsteiger über einem unterwegs sind. Häufig ist es hier das Beste, zu warten, bis diese so weit weg sind, dass man vom Steinschlag nicht mehr betroffen ist. Sehr ärgerlich in solchen Fällen sind Gruppen, die von hinten kommen und nicht so vorsichtig sind wie man selbst. Gehen sie an den Wartenden vorbei, verdammen sie diese dazu, noch länger auszuharren. Die Erfahrung zeigt, dass es am besten ist, diese Leute auf die Gefahr aufmerksam zu machen.

Ist man selbst mit mehreren Personen in einer Gruppe und es besteht die Gefahr von Steinschlag, der durch die eigenen Leute ausgelöst wird, gibt es zwei Möglichkeiten, dem zu begegnen. Entweder man lässt jeden einzeln bis zu einem bestimmten Punkt gehen. Das bietet sich bei kürzeren, kritischen Passagen an; bei längeren Strecken in solchem Gelände ist die Taktik meist nicht praktikabel, weil sie zu langwierig ist. Dann ist es das Sinnvollste, eng beieinander zu gehen. So haben die Steine, die der Vordermann lostritt, noch nicht viel Fahrt aufgenommen und können oft sogar noch angehalten werden. Zumindest richten sie nicht so großen Schaden an.

Entweder eng zusammen oder mit Abstand: Gruppe im Schrofengelände.

Sicherungsmöglichkeiten

Nicht jeder kann sich in solchem Gelände mit einer Sicherheit bewegen, die es erlaubt, ohne Seil unterwegs zu sein. Denn über eines muss man sich im Klaren sein: In aller Regel befindet man sich in Absturzgelände. Das heißt, dass ein Sturz oder auch nur ein Ausrutscher meist fatale Folgen hat. Wenn man sich selbst nicht mehr ausreichend sicher fühlt, gibt es zwei Möglichkeiten: Entweder man dreht um oder man muss sichern. Dazu bedarf es aber einer gewissen Mindestausrüstung.

Die einfachste Art der Sicherung ist ein Seilgeländer, zumindest solange, wie die Passage, die gesichert werden soll nicht zu lang ist. Da das nicht vorhanden ist, muss man es selbst installieren. Dazu bedarf es eines erfahrenen Bergsteigers, der die zu sichernde Passage ohne Sicherung (oder mit Sicherung von unten) bewältigen kann und der zumindest die wichtigsten Aspekte im Umgang mit dem Seil kennt. Ein Geländerseil muss zumindest oben absolut sicher befestigt werden. Verläuft es als Traverse oder Querung, muss es oben und unten fixiert sein, günstig ist es sogar (je nach Länge), es zwischendurch noch zu befestigen. Häufig bieten sich im Schrofengelände dafür Felsköpfe an. Es muss sichergestellt werden, dass die Fixpunkte (Felsköpfe) absolut fest sind. Man kann dann entweder den Felskopf direkt mit dem Seil »einfangen« (das Seil herumwickeln) oder aber eine Bandschlinge darüberlegen und dann das Seil in die Bandschlinge einhängen. Welche Methode angewandt wird, kommt maßgeblich darauf an, wie viel Material zur Verfügung steht.

Nun können die zu Sichernden folgen. Die einfachste Form ist die, sich an dem Seil als Geländerseil festzuhalten. Dabei sollte man sich aber

Typische Köpfelschlinge mit Karabiner.

bewusst sein, dass man lediglich mit einer Hand an einem dünnen Seil nicht viel Kraft aufbringen kann. Wer über eine Prusikschlinge verfügt, kann sich zumindest eine Haltehilfe bauen, mit der man einen wesentlich besseren Griff hat. Dazu befestigt man eine Prusikschnur mit einem normalen Prusikknoten (vgl. Anhang »Knoten«, S. 196) am Geländerseil und verknotet die beiden Stränge der Prusikschnur mit einem Sackstich, sodass eine bequeme Handschlaufe entsteht.

Noch sicherer wird das Ganze dann, wenn alle Personen einen Klettergurt

Mit einer Prusikschnur lässt sich eine provisorische Steigklemme bauen.

dabeihaben. Dann kann man entweder einzelne Personen direkt über die schwierige Passage sichern, oder aber man arbeitet wieder mit einem Geländerseil. An diesem kann man sich mittels Bandschlinge oder Prusikschlinge einhängen und ist so fix mit dem Seil verbunden. Bei einem horizontal verlaufenden Seil reicht es, sich mit einer Bandschlinge und einem Karabiner in das Geländerseil einzuhängen.

An häufig begangenen kritischen Stellen finden sich übrigens oft vorbereitete Fixpunkte in Form von Haken, um daran sichern zu können. Deshalb: Augen auf und schauen, ob Haken vorhanden sind. Um eine einzelne Person nachzusichern, muss man über die Grundlagen der Sicherungstechnik verfügen: Sie

Solider Fixpunkt mit Selbstsicherungsschlinge.

wird von oben mittels Halbmastwurf gesichert. Dafür muss der Fixpunkt absolut solide und sicher sein. Der Sichernde sichert sich erst einmal selbst, um nicht bei einer hektischen Bewegung abzustürzen. Dies geschieht am einfachsten mit einer Bandschlinge und einem Schraubkarabiner. Dann hängt er einen sogenannten Halbmastwurfkarabiner in den Fixpunkt und legt das Seil, das zum Sichernden führt, mit einem Halbmastwurfknoten in den Karabiner (vgl. Anhang »Knoten«. S. 195). Nun kann er den Nachsteiger nachsichern. Diese Handgriffe müssen perfekt sitzen und sollten daheim und in harmlosem Gelände geübt werden. Wer sie nicht sicher beherrscht, ist gut beraten, einen Kurs beim Alpenverein oder einer Bergschule zu besuchen. Diese Art der Sicherung eignet sich übrigens auch dafür, absteigende Personen zu sichern. Lediglich der Letzte muss dann ungesichert absteigen oder abseilen.

Abseilen

Abseilen ist eine sichere und schnelle Methode, kurze Steilstufen hinunter zu kommen, die einem zum Absteigen zu schwierig erscheinen. Es birgt aber auch gewisse Gefahren, da man sich beim Abseilen voll und ganz dem Fixpunkt sowie dem Seil anvertraut.

Auch zum Abseilen bedarf es eines verlässlichen Fixpunktes. Das Seil wird direkt in den Fixpunkt (meist ein oder mehrere Haken) gefädelt und bis zur Mitte durchgezogen. Dazu ist es hilfreich, wenn die Mitte des Seils markiert ist (Mittelmarkierung). Vorsicht bei der Verwendung von Seilresten; häufig existiert die Markierung noch, befindet sich jedochnicht mehr in der Mitte. Wenn man sich unsicher ist, muss man von beiden Enden her arbeiten und so die Mitte herausfinden.

Kann man das Ende der Abseilstrecke nicht zweifelsfrei erkennen, sollte man Knoten in die Seilenden machen. Sonst kann es passieren, dass das Seil nicht bis zur nächsten Flachstelle oder der folgenden Abseilstelle reicht und man über die Seilenden hinaus abseilt und in Folge abstürzt. So unwahrscheinlich das klingen mag, es hat schon viel Unfälle durch dieses Phänomen gegeben.

Zum Abseilen benutzt man heute meist sogenannte Tuber. Sie sind einfach in der Handhabung und ermöglichen einen guten Seilverlauf.

Um den Tuber zum Abseilen vorzubereiten, führt man das Seil bzw. beide Stränge des Seils von der Seite durch den Tuber, auf der sich kein Drahtbügel befindet. Dabei ist darauf zu achten, dass sich die extra Bremsschlitze des Tubers auf der Seite befinden, auf der das Bremsseil in das Gerät hinein läuft. Dann »greift« man mit einem Verschlusskarabiner beide Schlaufen des Seils, die sich durch das Durchstecken ergeben haben. Auch der Drahtbügel wird mit dem Karabiner »gegriffen«. Dann wird der Karabiner in die

Abseilen über eine Steilstufe.

Richtiges Einlegen des Seils in einen einfachen Tuber.

Anseilschlaufe des Klettergurtes eingehängt und verschlossen.

Eine Hintersicherung in Form einer Kurzprusik bietet großen Sicherheitsgewinn. Damit kann auch in dem Fall nichts passieren, wenn der Abseilende die Hände vom Bremsseil nimmt, weil er am Seil hantieren muss oder im Falle eines Unfalles.

Dazu legt man mit einer kurzen Prusikschlinge einen Prusikknoten um beide Seilstränge. Nun hängt man sich diese Kurzprusik in die Beinschlaufe. Die Prusik muss so kurz sein, dass sie auch in belastetem Zustand nicht bis zu den Bremsschlitzen des Tubers reicht. Sonst kann sie den Tuber blockieren und man kann nicht weiter abseilen.

Nun kann man die Selbstsicherung aushängen und mit dem Abseilen beginnen. Dazu befindet sich eine Hand fest am Bremsseil (unterhalb des Tubers) und bestimmt das Abseiltempo. Diese Hand darf nie losgelassen werden und schiebt gleichzeitig die Prusik mit. Die andere Hand läuft am oberen Seil (oberhalb des Tubers) locker mit. Erreicht man ein gewisses Maß an Sicherheit, macht das Abseilen richtig Spaß.

Die Kurzprusik dient der Hintersicherung.

Gehen auf Schnee und Eis

Schnee und Firn

Schnee fällt in unterschiedlichen Formen vom Himmel. Es gibt unter anderem trockenen Schnee (Pulverschnee) oder feuchten Schnee (Nassschnee). Im Lauf der Zeit wandelt sich der Schnee um und verfestigt sich.

Der Schnee, auf dem Sommerbergsteiger unterwegs sind, ist in aller Regel Altschnee, der durch zahllose Umwandlungsprozesse verfestigt ist. An sehr warmen Tagen und unter Sonneneinwirkung kann aber auch gut verfestigter Altschnee zu Sulzschnee werden, in dem man unangenehm einsinken kann und der schlecht trägt. Der Vorteil von Nassschnee ist aber, dass sich am nächsten Morgen – zumindest wenn die Nacht kalt genug war – ein fester Harschdeckel bildet, der meist so stabil ist, dass er den Bergsteiger trägt. Auf solchen gefrorenen Harschdeckeln kann man im flachen Gelände sehr angenehm laufen. Auch Altschnee ist, solange er nicht ausgesprochen feucht ist, gut zu begehen.

Gerade im Frühsommer gehören je nach Höhenlage kürzere oder längere Passagen auf Schneefeldern zum alpinen Erscheinungsbild. Kann man diese Schneefelder sicher begehen, wird die frühsommerliche Bergtour zu einem einprägsamen Erlebnis.

Gehen ohne Steigeisen: Versierte Berggeher sollten so lange ohne Steigeisen gehen, wie das Gelände und die Situation es zulassen. Denn Gehen mit Steigeisen kostet mehr Kraft, und die Gefahr, mit den Zacken der Steigeisen am anderen Bein hängen zu bleiben und zu stolpern, überwiegt einen möglichen Nutzen.

Am angenehmsten geht man in den flachen Bereichen von Schneefel-

Schön, wenn der Schnee trägt – wehe, wenn nicht!

dern. Dazu sollte man die Hangstrukturen ausnutzen und seinen Weg entsprechend wählen. Lieber geht man eine weitere Strecke, dafür aber flacher.

Das geht allerdings nicht immer. Wenn es steiler wird, hat man zwei Möglichkeiten: Entweder man geht gerade – also in Falllinie – hinauf, oder man geht im Zickzack. Welche Variante man wählt, ist von diversen Faktoren abhängig. Zum einen kommt es darauf an, welche Schuhe man anhat. Maßgeblich ist natürlich auch, wie weich oder hart der Schnee ist und wie die Oberfläche beschaffen ist. Die Praxis wird so aussehen, dass man beim Gehen beides ausprobiert und die Möglichkeit wählt, die unter den gegebenen Umständen besser erscheint.

Aber egal ob gerade oder in Falllinie, in beiden Fällen sollte man vor allem ökonomisch gehen. Ist der Schnee hart und griffig, ist das kein Problem. Schwieriger wird es, wenn der Schnee nachgibt. Ein langsames Verlagern des Körpergewichts auf das neue Standbein spart dann viel Kraft. Der Schnee unter den Schuhen wird damit langsam verdichtet, ein plötzliches Wegsinken kann häufig vermieden werden. Allerdings nicht immer: Wenn man tief und unregelmäßig einsinkt, kostet das viel Kraft. Hier hilft nur Ruhe bewahren und eine möglichst gleichmäßige Gehweise.

Seitliches Aufsteigen im Schnee …

Grundsätzlich sollte man auf Altschneefeldern größere Steine oder Latschen meiden, die aus dem Schnee herausschauen. Häufig ist der Schnee rund um diese dunkleren Bereiche, welche die Wärme stärker speichern, weicher, und man bricht ein, während 2 Meter daneben die Schneedecke ohne Probleme trägt.

Im Zickzack: Beim seitlichen Aufsteigen tritt man sich die Stufen mit den Schuhen. Dazu nutzt man die natürliche Bewegungsform aus und formt bei der Vorwärtsbewegung des Fußes sichelförmig eine Stufe. Schon nach ein paar Schritten automatisiert sich der Vorgang, und man kommt meist gut voran.

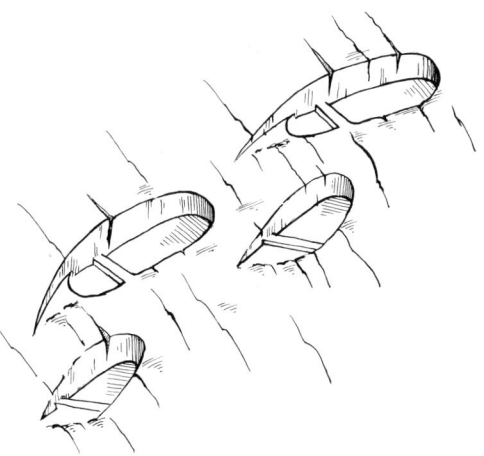

… geht am besten mit dem Sichelschritt.

Der Richtungswechsel und die Pickelübergabe im Firn.

Ein etwas kritischer Moment beim Gehen im Zickzack ist die Wende. Man nimmt dazu aus einem abgeschlossenen Schritt eine stabile Position ein (Stöcke sind hierbei sehr hilfreich) und wendet den bergseitigen Fuß in die neue Gehrichtung. Dabei achtet man darauf, dass die neue Stufe solide und gut ist. Schafft man dies nicht beim ersten Tritt, muss man noch einmal nachtreten. Dann folgt der zuvor talseitige Fuß in die

Pickelübergabe Brust zum Berg.

neue Bewegungsrichtung, und der gewohnte Bewegungsablauf wird fortgesetzt.

Hat man mit dieser Form der Wende Probleme, weil die Beweglichkeit nicht ausreicht oder man sich unsicher ist, kann man auch zwei Zwischenstufen einbauen. Dazu tritt man mit dem ersten Fuß (meist dem talseitigen) frontal in den Schnee, setzt den bergseitigen frontal nach und setzt dann den neuen bergseitigen Fuß wieder in die Gehrichtung.

Geht man anstatt mit Stöcken mit einem Pickel **(1)**, nützt man bei beiden Varianten die stabile Position, in welcher der Oberkörper zum Berg gewandt ist **(2)**, um den Pickel von einer Hand in die andere zu übergeben **(3)**. Dabei gilt es zu beachten, dass sich der Pickel in der Hand befindet, die dem Berg zugewandt ist.

Der Pickel befindet sich immer in der bergseitigen Hand.

In der Falllinie: Hat man sich für den geraden Aufstieg entschieden, ist es egal, in welcher Hand sich der Pickel befindet. Meist ist es die »stärkere« Hand. Geht man mit Stöcken, hat man sowieso in jeder Hand einen Stock. Dabei sollte aber bedacht werden, dass ein gerader Aufstieg meist erfolgt, wenn das Gelände relativ steil ist. Da kann dann schnell die Situation eintreten, dass ein Gehen mit Stöcken nicht mehr angebracht ist und der Pickel nötig wird.

Beim geraden Aufstieg tritt man sich mit den Schuhspitzen Stufen für die Füße. Bei griffigen Verhältnissen (Trittfirn) funktioniert das sehr gut; wenn man einmal einen Rhythmus gefunden hat, kommt man gut voran. Wer zu schnell geht, macht sich dabei aber schnell »platt«. Ein ruhiges und kontrolliertes Steigen ist gefragt, mit einer betonten Gewichtsverlagerung auf das jeweilige Standbein. Denn nur dann kann man das freie Bein in Ruhe nach oben führen. Wie bei fast allen Aufstiegsformen sollte man auch beim geraden Aufsteigen im Schnee darauf achten, die Schritte

Oftmals ist der Aufstieg in Falllinie am günstigsten.

nicht zu groß zu wählen. Die Stufen, die man sich mit dem Fuß tritt, sind dann günstig, wenn sie leicht nach innen, also zum Berg hin, geneigt sind. Dann steht man sicherer und hat nicht ständig das Gefühl, nach hinten herauszurutschen.

Absteigen in Schnee: Erfahrene Bergsteiger lieben bei Frühsommertouren nichts mehr als ausgedehnte Altschneefelder. Mit etwas Übung und einem guten Gleichgewichtsgefühl lässt es sich auf verfestigten Altschneefeldern fantastisch abfahren – nur auf den Sohlen der Schuhe. Dazu steht man mittig über den Schuhen; eine leichte Schrittstellung der Füße hilft dabei, Wackler nach vorne und hinten auszugleichen. Mit den Schuhen und den Kanten der Schuhe kann man so kontrolliert und teilweise sehr schnell Höhenmeter »vernichten«. Vom Skifahren einmal ab-

Abfahren auf Altschneefeldern.

gesehen, geht keine Art des Absteigens beim Bergsteigen schneller und unanstrengender. Allerdings muss man sich natürlich auch der Gefahren bewusst sein. Gelände, das in flachen Mulden oder Senken ausläuft, bietet sich geradezu an, vor allem auch zum Üben. Allerdings können schon einzelne Steine, die im Schnee liegen, böse Verletzungen verursachen, wenn man nach einem Sturz unkontrolliert darüberrutscht. Und Schneefelder, die – wie es sehr häufig der Fall ist – in Schutt- oder Steinflächen enden, dürfen nur von Leuten befahren werden, die absolut sicher sind und jederzeit anhalten können. Wer unkontrolliert in ein solches Schuttfeld rast, ist garantiert ein Fall für die Ambulanz des nächsten Krankenhauses. Tabu sind Schneefelder, die in Abbrüche münden.

Eine weitere Gefahr sind wechselnde Schneebedingungen. Schon eine leichte Expositionsänderung des Hanges kann ganz andere Bedingungen mit sich bringen. Hier sind Vorsicht und Voraussicht gefragt.

Der »normale« Abstieg: Aber auch wer sich beim Abfahren nicht wohlfühlt, kann im Schnee schnell und effizient absteigen. Meist ist der Abstieg in der Falllinie der günstigste. Dabei sollte man sich aber schon von oben ansehen, wo die Schneefelder enden bzw. wie sie auslaufen, und dann da »einsteigen«, wo sich das Schneefeld unten am günstigsten zeigt.

Im Schnee steigt man am besten mit steifen Beinen ab und rammt die Ferse ein. Mit einer gleichmäßigen Wippbewegung des Körpers (Gewichtsverlagerung) von rechts nach links kann man so immer wechselweise ein Bein heben und tiefer wieder aufsetzen. Häufig rutscht der Fuß, der neu aufgesetzt wird, noch ein Stück weiter. Das sollte man zulassen und sich darauf einstellen. Im Optimalfall ergibt sich eine Mischform aus Absteigen und Abfahren, weil man mit jedem Schritt noch eine ganze Schrittlänge hinuntergleitet. Oftmals ist das kaum langsamer als Abfahren, aber wesentlich kontrollierter.

Das Gehen ohne Steigeisen hat seine Grenzen. Bei harten und steilen Bedingungen gehören Steigeisen an die Füße – und immer dann, wenn man sich ohne Eisen nicht mehr sicher fühlt. Manchmal kann man sich

Steine im Schnee machen das Abfahren gefährlich.

auch Gelände suchen, in dem man schneefrei absteigen kann. Häufig ist auf Kuppen und Rippen der Schnee schon abgeschmolzen, und man kann im Grasgelände auch ohne Schneekontakt absteigen.

Eine typische Unfallsituation kann entstehen, wenn die Steigeisen nur für wenige Meter gebraucht werden und man zu faul ist, sie anzulegen. Deshalb sollte man schon beim Kauf von Steigeisen darauf achten, dass sie sich leicht und schnell anlegen lassen, um die Hemmschwelle des Anlegens herabzusetzen. Und natürlich sollte man sich in den entsprechenden Situationen über die Folgen im Klaren sein, die ein steigeisenloses Gehen (bzw. ein Ausrutschen) mit sich bringen kann.

Abstieg auf schneefreier Rippe.

Bremsen im Schnee

Wer sich im Schnee bewegt, muss wissen, wie man bremsen kann, wenn man trotz aller Vorsicht einmal ausrutscht. Ausrutschen oder Ausgleiten beim Queren von Schneefeldern gehört beim Bergsteigen zu den häufigsten unmittelbaren Unfallursachen. Wenn man bedenkt, dass beim ungebremsten Rutschen auf steilen Schneefeldern annähernd die Geschwindigkeit des freien Falls erreicht werden kann, ist das kein Wunder. Deshalb ist es auch immens wichtig, schnell zu reagieren.

Querung von Schneefeldern, der Rhythmus ist: Schritt (links) – Schritt (Mitte) – Pickelsetzen (rechts).

Die Methode zum Bremsen ist die sogenannte Liegestütztechnik. Egal welche Körperlage man beim Ausrutschen hat, man muss so schnell wie möglich versuchen, in die Liegestützposition zu kommen, noch bevor der Körper richtig Fahrt aufgenommen hat. Breitbeinig und mit etwas über schulterbreiter Armstellung ist es am leichtesten, den Sturz zu bremsen. Gleichzeitig gilt es, auch das Bremstempo zu kontrollieren, sonst kann es im Extremfall sogar zu Überschlägen kommen.

Endposition der Liegestütztechnik zum Bremsen.

Die Situation des Ausgleitens sollte immer wieder geübt werden. Natürlich muss das Übungsgelände dabei so beschaffen sein, dass nichts passieren kann. Die Auslaufzone (am besten eine richtige Mulde oder zumindest eine deutliche Verflachung) und die Beschaffenheit des Schnees sind wichtig. Steine, die in der möglichen Rutschbahn liegen, sind vorher zu

entfernen. Beim Üben ist es sinnvoll, auch Situationen durchzuspielen, die nicht so angenehm sind, etwa Rutschen mit dem Kopf nach unten oder, die schwierigste Situation, Rutschen mit dem Kopf nach unten auf dem Rücken. Bei den richtigen Bedingungen und mit ein paar Freunden macht das

Nach dem Ausgleiten muss man aus jeder Position versuchen, so schnell wie möglich in die Liegestützposition zu kommen. Rutscht man auf dem Rücken talwärts legt man dazu einen Arm an den Körper an und dreht sich über diesen Arm auf den Bauch; den Schwung dazu holt man sich durch Hochschleudern des gegenüberliegenden Beines.

Üben richtig Spaß. Und es vermittelt ein enormes Plus an Sicherheit, wenn man weiß, dass man nach einem Rutscher auch wieder zum Stehen kommen kann.

Tipp   *Begeht man Gelände, in dem es zum Ausgleiten kommen kann, sollte man immer Handschuhe tragen. Ein Bremsen ohne Handschuhe kann selbst in weichem Schnee sehr schmerzhaft sein, auf hartem Untergrund kann es zu bösen Verletzungen führen.*

Bremsen mit Stöcken: Etwas problematischer ist das Bremsen, wenn man mit Stöcken geht. Am schnellsten zum Stehen kommt man mit Stöcken, wenn man so bremst wie beim Gehen ohne Stöcke – also die Stöcke einfach loslässt. Hat man sie in den Schlaufen gegriffen, werden sie am Handgelenk mitgeschleift. Hat man sie nicht in den Schlaufen gegriffen, kann es zwar sein, dass sie verloren gehen, aber das ist in dieser Situation sicherlich das kleinere Übel.

Bremsen mit dem Pickel: Mit dem Pickel hat man beim Bremsen im Steilgelände bessere Chancen. Grundsätzlich trägt man den Pickel in

der bergseitigen Hand. Die Haue ist immer nach hinten gerichtet, unter anderem weil man sich so beim Bremsgriff nicht an der Haue verletzen kann (ältere Theorien, nach denen man bei weichem Schnee den Pickel mit der Haue nach vorne und bei härterem Schnee mit der Haue nach hinten trägt, sind mittlerweile überholt). Gleitet man aus, greift man mit der freien Hand so schnell wie möglich an den Pickelschaft. Bei richtiger Griffweise zeigt die Haue automatisch nach unten, und man versucht, sich mit dem Oberkörper auf den Pickel zu ziehen. So entwickelt die Haue selbst in weichem Schnee eine sehr gute

Universelle Pickeltrageweise.

Bremswirkung. Auch bei extrem harten Verhältnissen hat man so eine realistische Chance, den Sturz abzubremsen.

Bremsposition mit Pickel.

Bremsen mit Steigeisen: Richtig anspruchsvoll ist das Bremsmanöver, wenn man Steigeisen an den Füßen hat, weil die Steigeisen in diesem Fall nicht im Schnee hängen bleiben dürfen. Man muss sich voll und ganz auf die Bremswirkung des Pickels verlassen. Wer es koordinativ beherrscht, kann noch versuchen, mit den Knien zu bremsen. Auf keinen Fall dürfen die Steigeisen zum Einsatz kommen, die Füße müssen also in die Luft gehalten werden. Die Bremswirkung der Frontalzacken wäre so stark und abrupt, dass zum einen die Fußgelenke sowie die Achillessehnen einer großen Verletzungsgefahr ausgesetzt wären, zum anderen die Gefahr besteht, dass man sich rückwärts überschlägt und danach mit unvermindert hohem Tempo den Hang hinunterrutscht.

Sind Steigeisen an den Füßen, kann man diese nicht zum Bremsen einsetzen, die Bremswirkung wäre zu groß. Dann muss man mit den Knien bremsen (im Optimalfall mit dem Pickel in den Händen).

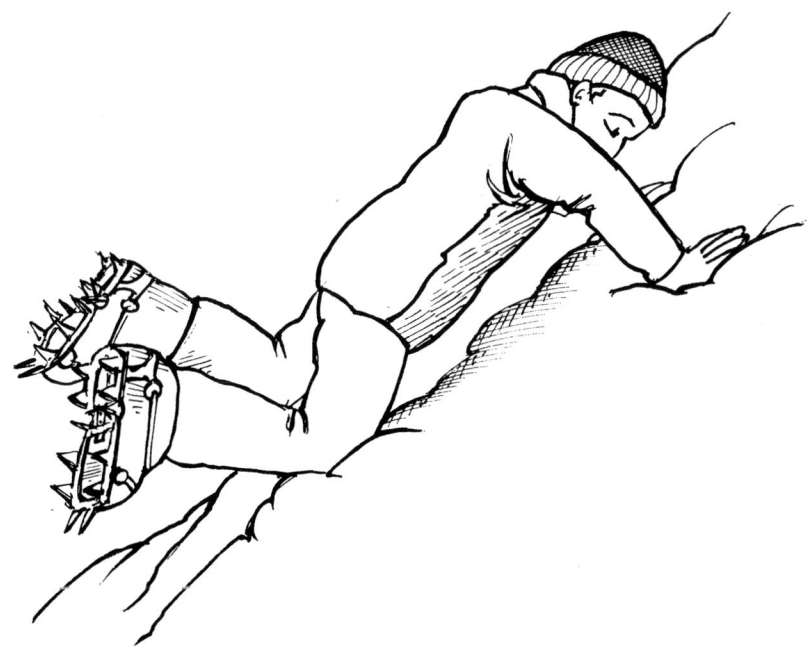

Gehen mit Steigeisen

Ab einer gewissen Neigung und Härte der Schneeoberfläche kommt man ohne Steigeisen nicht weiter. Wer nicht nur auf ausgetretenen Pfaden unterwegs sein will, wird irgendwann den Punkt erreichen, wo er Steigeisen benötigt. Das muss nicht unbedingt ein Gletscher sein (vgl. Kapitel »Begehen von Gletschern«, S. 112), auch bei Hochgebirgswanderungen braucht man manchmal Steigeisen. Wichtig dabei ist, dass die Voraussetzungen zum Gebrauch von Steigeisen gegeben sind – hat man die richtigen Schuhe und passen die Steigeisen auch auf die Schuhe (vgl. Kapitel »Ausrüstung«, S. 20)?

Grundposition mit Steigeisen: Leicht breitbeinig und Zehen etwas nach außen.

Die Gehweise mit Steigeisen im Schnee und Firn unterscheidet sich nicht maßgeblich von der des normalen Gehens. Man geht etwas breitbeiniger, um nicht in den Riemen des anderen Steigeisens hängen zu bleiben. Die Zehenspitzen zeigen etwas mehr nach außen als beim normalen Gehen. Darüber hinaus gilt es grundsätzlich zu beachten, dass sich möglichst alle Zacken, die nach unten zeigen – die Vertikalzacken –, im Schnee befinden. Am Hang ist der Fuß im Fußgelenk jeweils so abgewinkelt, dass die Fußsohle parallel zur Schneeoberfläche steht.

In hartem Schnee ist mit Steigeisen meist ein sehr angenehmes Gehen möglich, weil die Zacken sich problemlos in den Schnee bohren und man somit einen sehr sicheren Tritt hat. Außerdem ist es eine gute Übung zum Gehen auf dem Gletscher.

Gut: möglichst alle Zacken ins Eis.

Schlecht: Nur die hinteren Zacken im Eis.

Sicherungsmöglichkelten im Schnee

Im Schnee einen Fixpunkt zu schaffen ist nicht immer ganz einfach – schließlich ist die Materie Schnee im Normalfall recht weich. Bei steilen Auf- oder Abstiegen und zum Sichern von schwächeren Gruppenmitgliedern kann es aber durchaus nötig sein, auch im Schnee einen Fixpunkt zu schaffen. Um im weichen Schnee einen zuverlässigen Sicherungspunkt zu bekommen, muss man die Kraft auf möglichst viel Fläche verteilen. Das geschieht am besten mit einem T-Anker.

Im Normalfall wird der T-Anker mit einem Pickel gebaut. Man hebt dazu am besten mit der Schaufel des Pickels einen Graben quer zur Belastungsrichtung aus. Je weicher der Schnee ist, desto tiefer muss der Graben sein. 50 cm Tiefe reichen bei normalem, gut verfestigtem Sommerfirn aus. Ungefähr in einem Längenverhältnis von zwei Dritteln zu einem Drittel zieht man im rechten Winkel zu diesem Graben eine zweite schmale Furche in Richtung der zu erwartenden Belastung. Nun legt man eine lange Bandschlinge (120 cm) um den Pickel, und zwar nicht in die Mitte, sondern etwas zur Haue hin versetzt. Dann rammt man den Pickel mit der Haue nach unten horizontal in den vorbreiteten Graben und legt die Schlinge durch die zweite Furche nach vorne. Man bedeckt den Pickel komplett mit Schnee und tritt diesen so gut wie möglich fest. Nur ganz vorne am Ende der zweiten Furche ist die Schlinge noch zu sehen. Sie ist der Fixpunkt und kann je nach Bedarf verlängert werden. Man sollte dabei unbedingt darauf achten, dass die Schlinge nicht nach oben belastet wird, sondern immer nur in die ursprünglich vorgesehene Belastungsrichtung.

Ein gut gebauter T-Anker hält überraschend viel aus. Er dient immer dann als Fixpunkt, wenn weiche Verhältnisse herrschen. Daher wird er auch häufig bei der Spaltenbergung auf verschneiten Gletschern eingesetzt (vgl. Kapitel »Spaltenbergung«, S. 118). Der Pickel kann nur dann

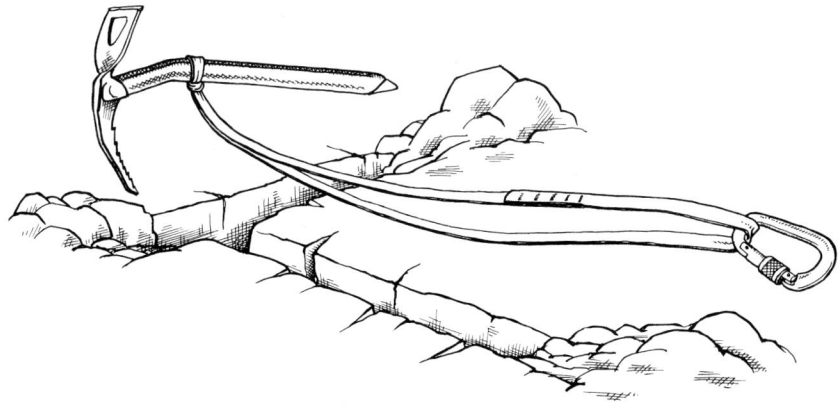

Der T-Anker im Schnee.

als T-Anker verwendet werden, wenn er lang genug ist (ab ca. 55 cm). Kurze Eisbeile mit einer Länge von 45 Zentimetern sind zum Bau eines T-Ankers nicht empfehlenswert.

Ein T-Anker kann auch aus anderen Ausrüstungsgegenständen bestehen. Dazu bieten sich an:

☞ Ski

☞ Ski-/Wanderstöcke (im Paar oder sogar mehrere Paare, ein einzelner Stock reicht nicht aus!)

☞ längliche Felsbrocken

☞ größere Rucksäcke

Der Graben muss jeweils entsprechend tief sein, und die Schlinge darf nicht von dem Gegenstand abrutschen können. Mit etwas Übung lässt sich ein solider T-Anker von einer Person in weniger als 5 Minuten aufbauen.

Begehen von Gletschern

Gletscher sind erhaben und schön, können aber auch Furcht einflößen. Manchmal liegen sie als stille, flache und friedliche Ebenen da, ein andermal stürzen sie in einem Chaos aus Eistürmen, Pfeilern und Spalten zu Tal. Gletscher sind immer faszinierend – es bleibt zu hoffen, dass sich

Auf spaltenreichen Gletschern ist es mitunter schwierig, einen gangbaren Weg zu finden.

Ein Gletscher und seine »Bausteine«.

die Klimaerwärmung nicht im selben Maße fortsetzt, sonst gehören die Alpengletscher in absehbarer Zeit der Geschichte an.
Um sich auf den Eismassen sicher bewegen zu können, muss neben einigen grundlegenden Voraussetzungen – beispielsweise, dass das für

eine eventuelle Spaltenbergung notwendige Material griffbereit am Gurt hängt – auch das nötige Know-how vorhanden sein. Wenn Gletscher aper sind, also ohne eine Schneeauflage auf dem Eis, sieht man genau, wie die Oberfläche beschaffen ist und wo man hintreten kann. Sind sie schneebedeckt, gestaltet sich eine Begehung meist schwieriger. Zwar sind auf der einen Seite viele der Gletscherspalten überdeckt und man muss nicht so vielen Spalten ausweichen, auf der anderen Seite kann man aber nie sicher sein, ob die Schneebrücken über die Spalten auch halten.

Grundsätzlich ist es ein Vorteil, wenn man weiß, in welchen Bereichen des Gletschers sich die meisten Spalten bilden. Gletschereis ist eine träge, im oberflächennahen Bereich spröde Masse, die dort reißt, wo sie einer starken Spannung ausgesetzt ist. Spalten bilden sich vor allem da, wo die Fließgeschwindigkeit eines Gletscherabschnitts größere Unterschiede aufweist. Das ist zum Rand hin, an Kuppen oder Mulden, an Geländekanten oder im Bereich der Gletscherzunge der Fall. Mit einer guten und vor allem aktuellen Karte kann man schon bei der Tourenplanung viele Spaltenzonen ausmachen und berücksichtigen, bevor man überhaupt den Gletscher betritt.

Aber nicht immer lassen sich die Spaltenzonen meiden. Ist ein Spaltensturz nicht mit großer Sicherheit auszuschließen, sollte man sich anseilen. Das gilt auch für den Fall, dass die Sicht eingetrübt ist, zum Beispiel bei Nebel. Konturen lassen sich gerade im Schnee dann schlecht ausmachen; auch Spalten kann man oft nur schemenhaft erkennen.

Spaltensturz.

Anseilen am Gletscher

Beim Anseilen am Gletscher galt, wie auch beim Klettern, lange das Motto: nie ohne Brustgurt. Aber genau wie dort wird auch auf dem Gletscher der Brustgurt inzwischen eher kritisch bewertet. Spaltenstürze lassen sich signifikant leichter halten, wenn Bergsteiger nur mit einem Hüftgurt angeseilt sind. Die Erklärung dafür ist plausibel: Mit Brustgurt angeseilt, bekommt man den plötzlichen Zug beim Sturz eines Seilschaftsmitglieds etwa in Höhe der Brust, was zur Folge hat, dass man mit dem Kopf voran auf den Bauch gerissen wird und nahezu handlungsunfähig ist. Ist man hingegen mit einem Hüftgurt angeseilt, kommt der Zug in Höhe der Hüfte (also etwa am Körperschwerpunkt). So ist es wesentlich einfacher, sich noch in eine Rückwärtslage zu manövrieren, die zum Halten eines Sturzes deutlich günstiger ist. Wem es lieber ist, trotzdem mit Brustgurt zu gehen, kann das weiterhin tun, aber bitte nur in Verbindung mit einem Hüftgurt. In Kombination mit einem schweren Rucksack ist das eher unsportlichen oder auch übergewichtigen Personen dann sogar wieder anzuraten.

Die optimale Seilschaftsgröße am Gletscher liegt bei vier bis fünf Perso-

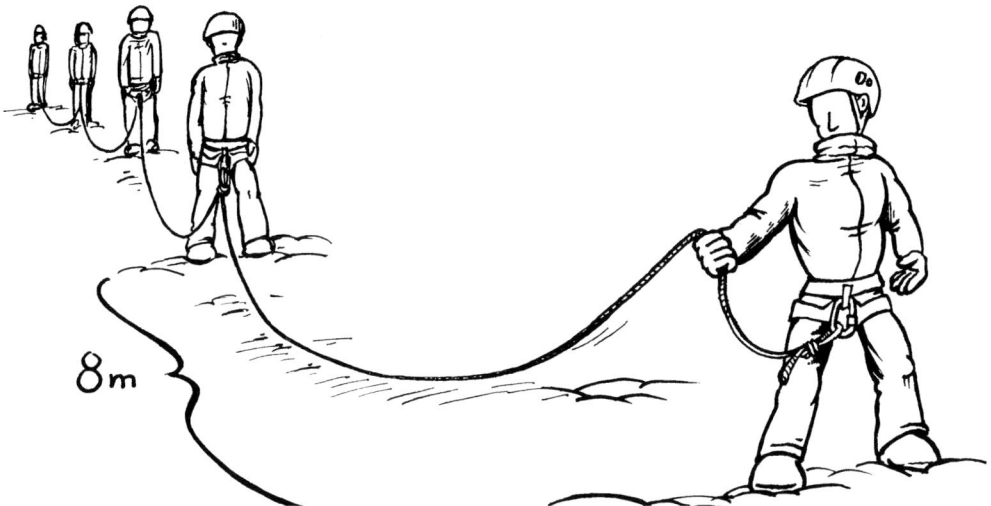

In der 5er-Seilschaft sind ca. 8 Meter Abstand gut.

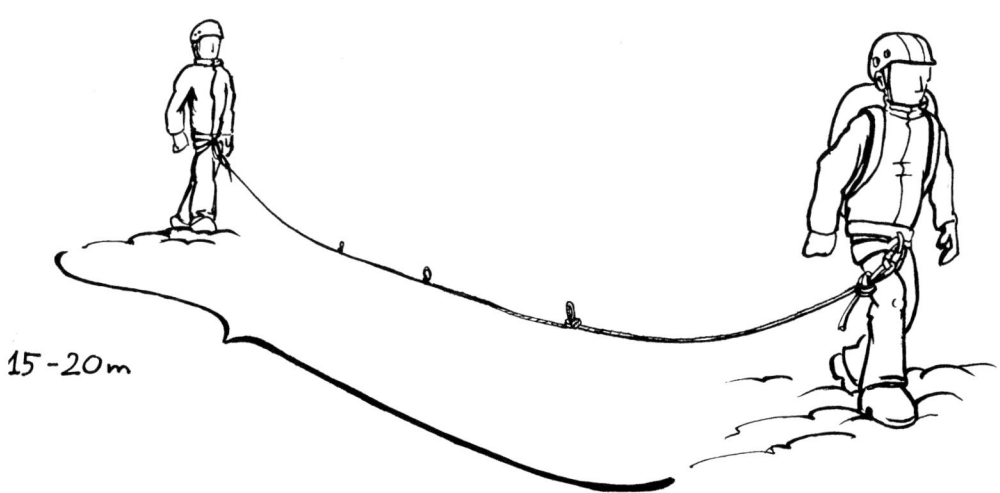

Zu zweit sollten es 15 bis 20 Meter Abstand sein.

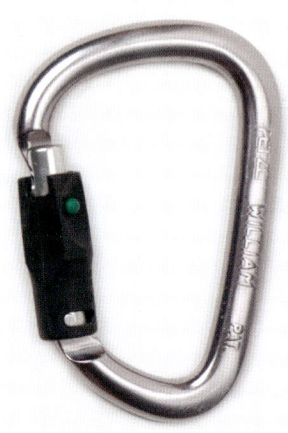

Ein Ball-Lock-Karabiner.

nen. Gehen alle Teilnehmer konzentriert und beherrscht jeder die Grundfertigkeiten der Spaltenrettung, kann (fast) nichts passieren. Kritisch wird es bei einer Zweierseilschaft. Gerade unter ungünstigen Bedingungen (harte Oberfläche, abschüssig, der Seilerste stürzt im Abstieg in die Spalte) ist die Chance, den Sturz zu halten, eher gering. Da hilft es nur, extrem aufmerksam zu gehen und möglichst alle Spaltenzonen zu meiden – und Zwischenknoten ins Seil zu machen. Sie können sich unter günstigen Umständen am Spaltenrand verklemmen.

Die Abstände zwischen den einzelnen Seilschaftsmitgliedern sind abhängig von der Seilschaftsgröße. Bei fünf Leuten beträgt der Abstand etwa 8 Meter, bei einer Viererseilschaft etwa 10 Meter und bei einer Dreierseilschaft etwa 12 Meter. Bei einer Zweierseilschaft kann der Abstand gut und gern 15 bis 20 Meter betragen. Knoten zwischen den einzelnen Seilschaftsmitgliedern kommen bei Zweier- und Dreierseilschaften ins Seil und haben untereinander einen Abstand von etwa 1½ Metern. Die Abstände für die Seilschaftsmitglieder werden von der Mitte aus in beide Richtungen abgemessen, für jeden Teilnehmer macht man einen Ach-

Zwei gegenläufig eingehängte Karabiner.

terknoten (vgl. Anhang »Knoten«, S. 194) ins Seil, in den er sich einhängt. Das Restseil wird zu einem Seilbund aufgenommen und unter die Deckeltasche des Rucksacks gesteckt. Die Verbindung zwischen Seil und Gurt wird mit einem Ball-Lock-Karabiner hergestellt. Alle anderen Karabinerarten (Twistlock, Schrauber) können sich unter ungünstigen Umständen öffnen. Will man solch einen Karabiner verwenden, sollte man als Hintersicherung einen zusätzlichen Normalkarabiner gegenläufig (mit dem Schnapper in die andere Richtung) zum ersten Karabiner einhängen.

Routenführung

Ist man korrekt ins Seil eingebunden, muss man nur noch »richtig« gehen – denn viele Spaltenstürze sind auf nachlässiges Gehen zurückzuführen. Das Seil zwischen den einzelnen Seilschaftsmitgliedern sollte fast straff gehalten werden. Tritt ein Bergsteiger in eine Spalte und fällt erst einmal, weil das Seil zu locker war, wird die Sturzenergie so hoch, dass der Sturz praktisch nicht mehr zu halten ist. Ist das Seil hingehen straff, kommt ein echter Sturz erst gar nicht zustande, es bleibt bei einem Rutscher. Meist hängt der Gestürzte aber selbst nach so einem Rutscher immerhin 3 oder 4 Meter tief in der Spalte.

In jedem Fall sollte man versuchen, Spalten rechtzeitig auszumachen und zu umgehen. Kritisch ist das vor allem auf Gletschern mit einer geringen Schneeauflage. In Vertiefungen liegt noch Schnee, häufig sind keine Spalten darunter, manchmal aber doch.

Gilt es, Spalten zu überspringen, muss jedes Seilschaftsmitglied wissen, was es zu tun hat. Dazu gehört, dass der Vordermann das Seil vom Springenden einzieht und der Hintermann genügend Seil freigibt. Sonst erhält der Springende kurz vor dem anderen Spaltenrand von hinten einen Ruck und stürzt in die Spalte.

Wo und wie legt man hier die beste Route?

Spaltenbergung mittels »Loser Rolle«

Auch wenn man am Gletscher mit aller Sorgfalt und Voraussicht unterwegs ist, kann ein Spaltensturz jederzeit vorkommen. In so einem Moment sollte der Hintermann sofort versuchen, sich gegen die Zugrichtung zu stemmen. So kann er am besten bremsen. Bevor er weitere Maßnahmen ergreifen kann, muss er zunächst einen Fixpunkt schaffen. Auf Gletschereis bietet sich dafür eine Eisschraube an.

Setzen einer Eisschraube: Moderne Eisschrauben sind messerscharf und leicht und schnell zu setzen. Viele haben inzwischen eine kleine Kurbel zum Ausklappen, die das Setzen zusätzlich erleichtert. Wichtig ist beim Setzen einer Eisschraube, dass man das alte, morsche Oberflächeneis wegkratzt oder wegschlägt, bis man auf solides, festes Eis stößt. Der Setzwinkel sollte in etwa rechtwinklig zur Oberfläche bzw. rechtwinklig zur Belastungsrichtung sein.

Setzen einer Eisschraube.

Für das Verständnis des weiteren Vorgehens ist es übersichtlicher, die einzelnen Seilschaftsmitglieder zu benennen. Der Vorderste, der in diesem Beispiel in die Spalte stürzt, ist **(C)**laus, der zweite ist **(B)**ert und der dritte (also hinterste) ist **(A)**lex.

Wenn nun Claus in die Spalte fällt, halten Bert und Alex zusammen den Sturz wobei Bert meist den größeren Anteil halten wird.

Das weitere Vorgehen ab hier für ein einfacheres Verständnis in Stichpunkten.

• Alex geht am Ende des Seils auf Zug und übernimmt die Last von Bert.

• Als nächstes macht Bert auf das Seil, das zu Claus in die Spalte führt, eine Rettungsprusik und hängt sich selbst mit einem Verschlusskarabiner in diese Rettungsprusik ein. Dann kann er sich aus dem Hauptseil aushängen.

Die Rettungsprusik: Kurz abgeknotet mit eingehängtem Karabiner.

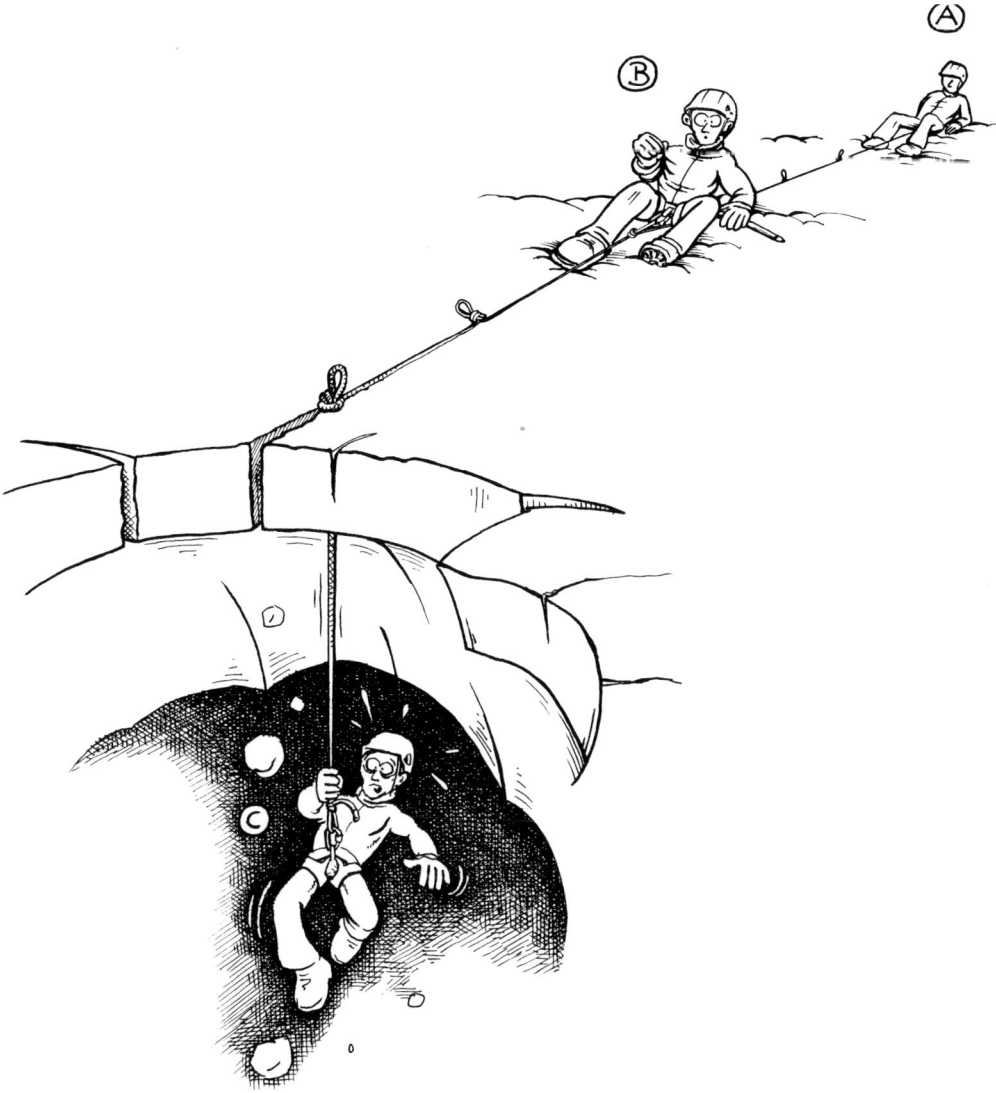

Zuerst einmal muss der Sturz gehalten werden.

• Somit ist Bert gesichert, hat aber Bewegungsfreiheit zum Arbeiten.
• Bert kann nun ohne Zug am Seil einen Fixpunkt schaffen. Wenn möglich (Blankeis oder wenig Schneeauflage) setzt er eine Eisschraube. Ansonsten gräbt er einen T-Anker im Firn bzw. Schnee (obere Skizze Seite 120).
• Nun muss die Last auf den Fixpunkt übertragen werden. Dazu bindet Bert wieder eine Prusik in das Seil, das in die Spalte läuft, knotet diese nach ca. einem halben Meter ab und hängt sie mit einem Verschlusskarabiner in den Fixpunkt.

119

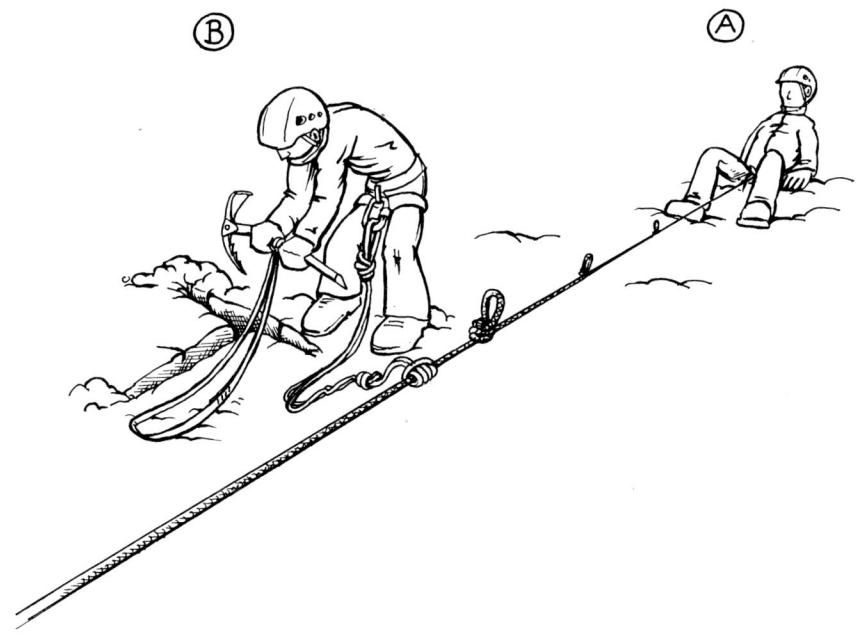

Der zweite in der Seilschaft gräbt den T-Anker.

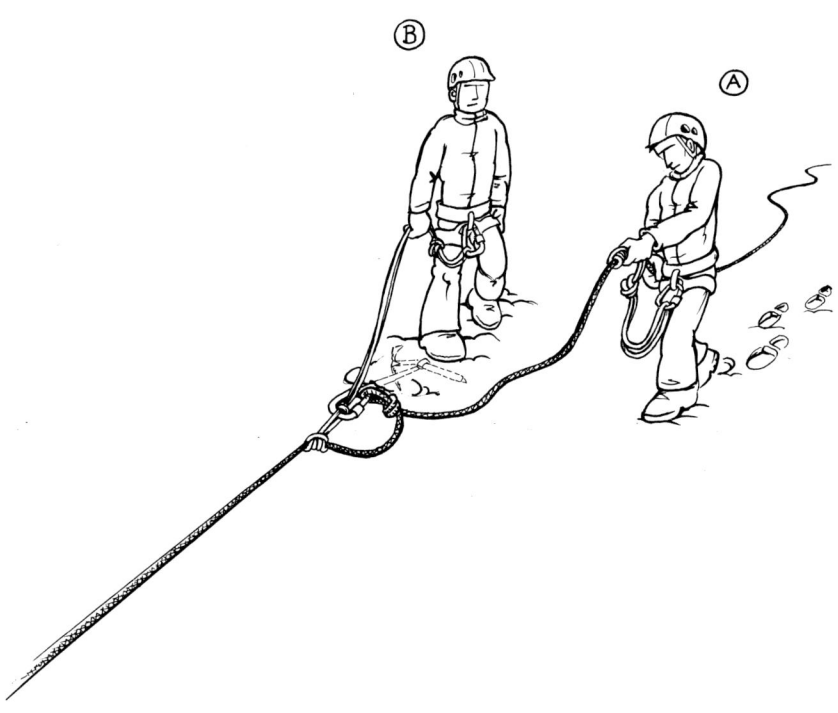

Die Last ist auf den T-Anker übertragen, nun kommt Alex.

• Nun schiebt Bert die Prusik soweit wie möglich nach vorne (in Richtung des Gestürzten).
• Dann hintersichert er diese Prusik mit dem Hauptseil (damit der Gestürzte später nicht an der dünnen Prusikschnur allein hängt). Dazu macht er entweder im Fixpunkt einen Mastwurf oder hängt, wenn dies möglich ist, den »alten« Knoten von Bert in den Fixpunkt ein (vgl. Seite 120).
• Wenn die Länge von Berts Selbstsicherung dies zulässt, oder wenn zu wenig Material (Prusikschnüre) für die Spaltenbergung vorhanden ist, kann Bert die oben beschriebene Lastübergabe auch mit seiner Selbstsicherung machen, so er die Position des Fixpunktes richtig gewählt hat (wie in der Skizze S. 120 unten).
• Nun erfolgt die eigentliche Lastübergabe, indem Alex von hinten langsam etwas Seil freigibt.
• Bert kann parallel den T-Anker hintersichern, indem er sich darauf stellt.

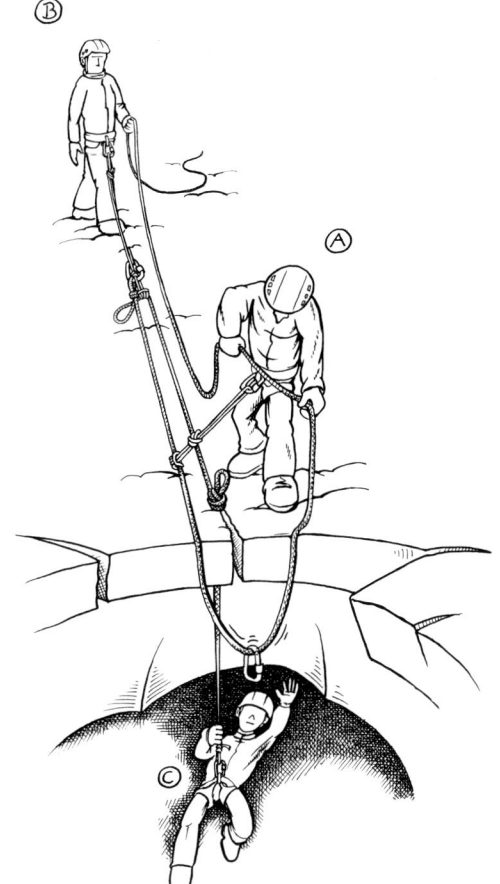

Ablassen der Losen Rolle.

• Alex kann nach vorne kommen.
• Auch er knüpft nun in das Seil, das vom Fixpunkt zu Claus in die Spalte läuft, eine Rettungsprusik und sichert sich daran. Dann kann er sich aus dem Hauptseil aushängen.
• Nun geht Alex soweit wie möglich an den Spaltenrand vor und nimmt Rufkontakt zu Claus auf.
• Etwa zwei bis drei Meter vom Spaltenrand entfernt baut Alex die Lose Rolle auf.
• Dazu nimmt er das Restseil von hinten (was sich quasi hinter dem Fixpunkt befindet) und entfernt zuerst alle Knoten.
• Dann nimmt er das Seil doppelt und hängt in die Schlaufe einen Verschlusskarabiner, wenn vorhanden mit einer Seilrolle ein.
• Diese lässt er zu Claus hinunter.
• Claus hängt den Karabiner in seinen Anseilpunkt ein und schließt ihn.
• In der Zeit baut Alex die Rücklaufsperre auf. Dazu macht er auf das Seil, das vom Gestürzten nach oben führt, mit einer Prusikschnur einen

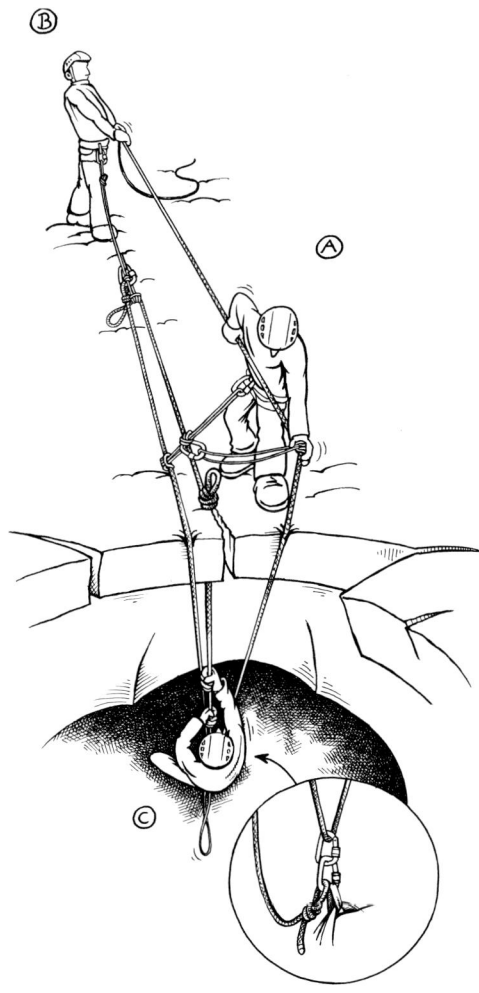

Die Lose Rolle ist komplett aufgebaut,
nun erfolgt die Bergung.

Prusikknoten und bindet die Schnur etwa einen halben Meter nach dem Prusikknoten ab.
• Nun hängt Alex diese Prusik in den Karabiner der Rettungsprusik, die sich auf dem Lastseil befindet.
• Alex muss darauf achten, dass die Länge und Position der Rücklaufsperre so lang ist, dass er einen effektiven Hub hat, die Rücklaufsperre aber nicht in die Spalte laufen kann.
• Je nach Beschaffenheit des Spaltenrandes kann man einen Eispickel oder einen Rucksack unter das Zugseil legen, dass es sich nicht zu tief in den Spaltenrand einschneidet. Der Pickel muss aber gesichert werden, damit er nicht in die Spalte fallen und Claus verletzen kann.
• Nun zieht Alex Claus herauf, indem er an dem Zugseil zieht und dann schnell die Rücklaufsperre vorschiebt.
• Claus in der Spalte kann ihm dabei deutlich die Arbeit vereinfachen, indem er an dem Lastseil mitzieht.
• Kann Alex alleine Claus nicht aus der Spalte ziehen, muss Bert ihm helfen.
• Hat sich das Seil am Spaltenrand tief eingeschnitten, kann es nötig sein, die Wechte von oben wegzuhacken.
• Meist reicht es aber, wenn sich Claus in der Spalte mit den Füßen vom Spaltenrand wegdrückt. Statt der Prusikschnüre kann man heute auch Seilklemmen verwenden, die es von einer Vielzahl von Herstellern gibt. Die sind etwas schwerer und natürlich teurer, erleichtern aber die Arbeit deutlich, weil sie weniger Reibung erzeugen. Allerdings muss man sich mit der Technik vertraut machen, weil Seilklemmen üblicherweise nur in eine Richtung funktionieren und man sie demnach nicht verkehrt herum einhängen darf.

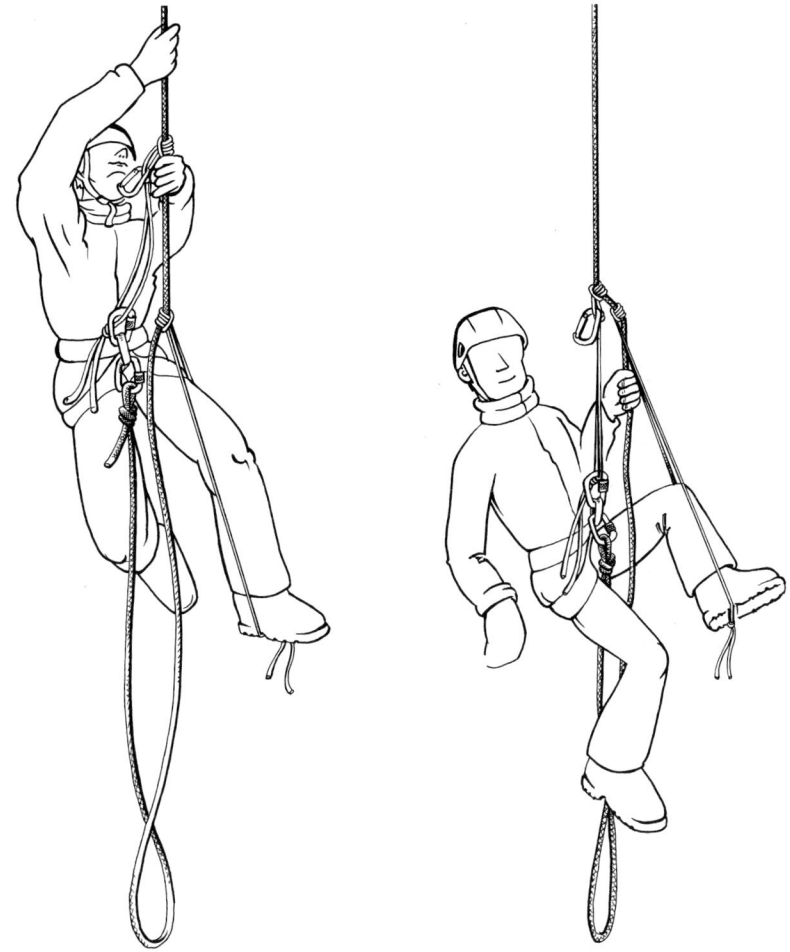

Selbstbergung aus der Spalte mittels Prusik,
abwechselnde Belastung (links – rechts).

Selbstbergung des Gestürzten

Problematischer wird es, wenn der Gestürzte (bei uns Claus) der Einzige ist, der die Spaltenrettung beherrscht, oder wenn sich das Seil sehr tief in den Spaltenrand eingeschnitten hat. In diesen Fällen hilft ein anderes System. Der Gestürzte muss zusehen, dass er selbst aus der Spalte herauskommt. Dazu knüpft er eine körperlange Rettungsprusik ins Seil. In das Ende steigt er mit einem Fuß. Mit einem Ankerstich um den Fuß hält die Schlinge besser. Sind die Schuhe zu weich und der Ankerstich verursacht Schmerzen (weil er sich zuzieht), kann man das Ende auch abknoten.

Dann knüpft er eine zweite Prusikschlinge in etwa halber Körperlänge über der anderen ins Seil, schiebt sie auf Armlänge nach oben und kno-

123

Der Bandschlingenklemmknoten geht schnell und einfach. Es wird von oben nach unten gearbeitet.

tet sie so ab, dass sie in den Anseilpunkt passt. Dort wird sie mit einem Verschlusskarabiner fixiert. Nun steigt er am Seil hoch: Die Beinprusik belasten, die Sicherungsprusik hochschieben, die Sicherungsprusik belasten (reinsetzen), die Beinprusik nachschieben. Ist die Länge der beiden Prusikschlingen gut aufeinander abgestimmt, geht das Aufsteigen am Seil relativ schnell.

Ein Problem entsteht, wenn sich das Seil am Spaltenrand tief eingeschnitten hat und die Knoten sich nicht mehr weiter nach oben schieben lassen. Um hier weiterzukommen, muss man das System umbauen. Dazu hängt man das Seil, das durch den bisherigen Aufstieg frei geworden ist, mit einer Rücklaufsperre in den Anseilpunkt. Als Rücklaufsperren kann man spezielle Geräte (Magic Plate, Ropeman, T-Bloc) oder den Gardaknoten einsetzen. Für den

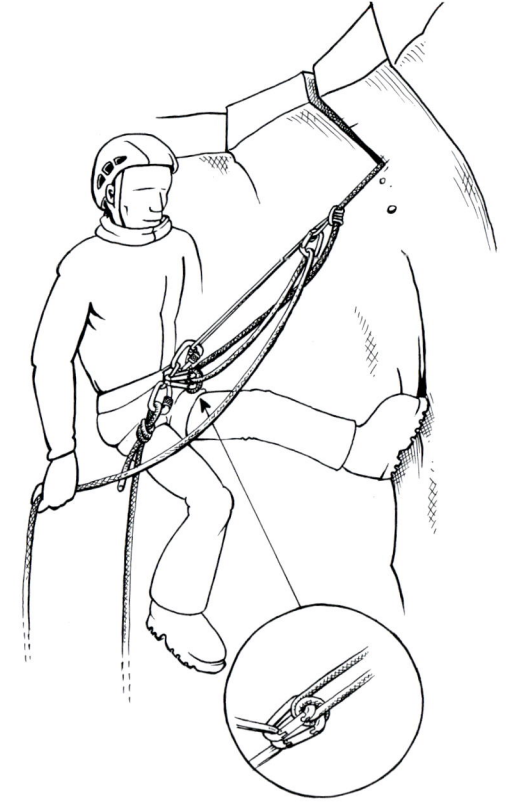

Selbstrettung mittels Garda-Knoten.

Gardaknoten hängt man zwei möglichst baugleiche Karabiner in den Anseilpunkt und legt das Seil hindurch. Auf der Seite, wo das Seil klemmen soll, legt man das Seil nochmal durch den vorderen der beiden Karabiner. Dieser Knoten lässt sich in eine Richtung ziehen, in die andere klemmt er (Rücklaufsperre). Nun legt man das Seil noch durch den Karabiner der Rettungsprusik. Zieht man nun an dem Seil, kann man sich selbst nach oben ziehen, bis die Rücklaufsperre an der Umlenkung anstößt. Dann schiebt man die Sicherungsprusik so weit wie möglich nach oben und belastet sie. Nun kann man die Rettungsprusik wieder nach oben schieben und mit dem Selbstzug beginnen. Wenn man sich gleichzeitig mit den Beinen vom Spaltenrand wegdrückt und das Becken entsprechend bewegt, kann man das Seil immer ein Stück weiter aus dem Schnee ziehen und erreicht – wahrscheinlich nass und erschöpft, aber erleichtert – irgendwann den Spaltenrand.

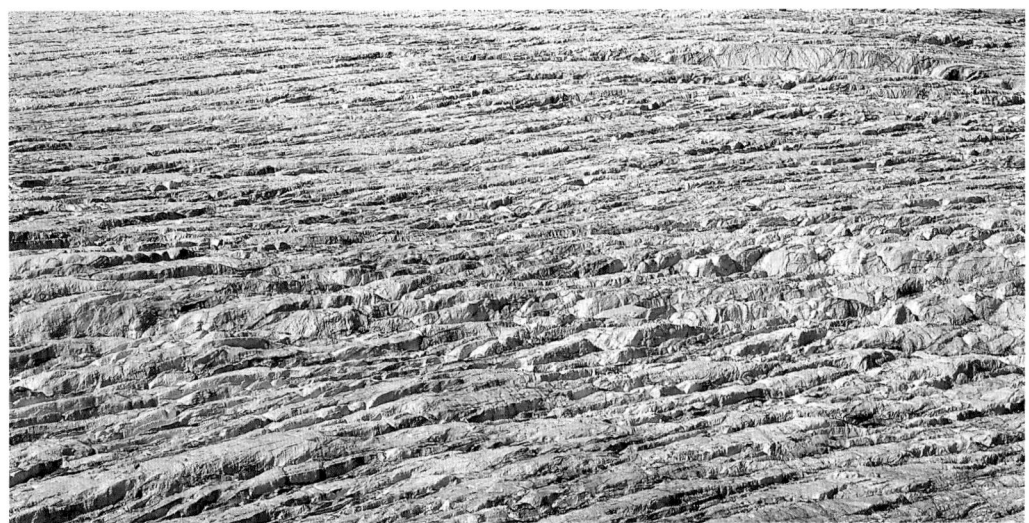

Gletscher sind schön aber auch gefährlich.

Gehtechniken im Eis

Die Grundtechnik beim Gehen im Eis unterscheidet sich nicht wesentlich von der des Gehens auf Schnee. Auch auf dem Gletscher gilt, dass man so lange wie möglich ohne Steigeisen gehen sollte. Trotzdem muss man vorausschauend gehen und rechtzeitig erkennen, wann Steigeisen notwendig sind. Nur dann kann man sie in noch unproblematischem Gelände anlegen, bevor dieses Manöver zu einem zirkusreifen Balanceakt wird.
Die raue Oberfläche eines schneefreien, nicht zu steilen Gletschers lässt sich ohne Steigeisen sehr gut begehen. Neben der Gefahr des Stolperns versteifen Steigeisen den Schuh unnötig. Ein Abrollen ist nicht mehr möglich, das Gehen wird unrund. Geht man auf feuchtem Schnee,

Anlegen der Steigeisen bei Dunkelheit erfordert Übung.

Zwölfzackiges Steigeisen mit Antistollplatte.

bilden sich unter den Steigeisen leicht Stollen – ohne Eisen zu gehen ist auch da oftmals sicherer. Nimmt das Eis, der Firn oder der Schnee aber eine gewisse Neigung an, geht es irgendwann nicht mehr ohne Steigeisen. Damit an den Füßen geht man breitbeinig mit etwas nach außen gerichteten Fußspitzen. So verringert sich die Gefahr, mit den Zacken am anderen Bein hängen zu bleiben. Geht es flach oder in mäßiger Steigung

Grundstellung im Eis.

dahin, bilden die Vertikalzacken den Kontakt zum Eis. Die beiden nach vorne stehenden Frontalzacken kommen zum Einsatz, wenn es richtig steil wird. Ist der Untergrund griffig und nicht zu hart, kann der Fuß normal aufgesetzt werden. Wird der Untergrund härter, muss aus dem gemächlichen Setzen ein energisches Auftreten oder sogar ein festes Stampfen werden. Schließlich müssen die Zacken im Eis greifen.

Kann man wegen der Steilheit nicht mehr direkt in der Falllinie gehen, macht man Serpentinen, bewegt sich also seitlich zum Hang. Dabei zeigt die Schuhspitze des talseitigen Fußes leicht ins Tal. Je steiler das Gelände, desto stärker dreht sich die Schuhspitze in Richtung Tal. So lassen sich leichter alle Vertikalzacken einsetzen, zusätzlich hat man einen stabileren Stand. Der talseitige Fuß schwingt beim Nachsetzen in einer halbkreisförmigen Bewegung um den Bergfuß herum, dabei ist das

Wende mit Steigeisen und Pickelübernahme.

Richtig: Stehen auf den Frontzacken mit »hängender« Ferse.

Um den Pickel kurzfristig zu verstauen, kann man ihn hinter den Träger schieben.

Bein fast gestreckt. Das verringert die Gefahr, sich im anderen Steigeisen zu verheddern. Zusätzlich fördert das schwunghafte Element ein beherztes Aufsetzen.

Eine Richtungsänderung wird mit dem bergseitigen Fuß eingeleitet, der zuerst in die neue Bewegungsrichtung gesetzt wird. In dieser stabilen Position erfolgt auch die Übergabe des Eispickels von der »alten« in die »neue« bergseitige Hand. Zuletzt setzt man schließlich das Talbein um.

Die Frontalzacken kommen bei normalen Gletschertouren nur sehr selten zum Einsatz. Sie dienen vor allem dazu, Steilstufen zu überwinden. Allerdings macht der Einsatz der Frontalzacken bei einer Hangneigung unter 45 Grad selten Sinn. Wer auf einem Gletscher die Steigeisentechnik übt, sollte aber auch dazu in sicherem Terrain einige Trainingseinheiten einlegen. Wichtig beim Einsatz der Frontalzacken ist die Fußhaltung. Auch wenn man geneigt ist, die Fersen anzuziehen und die Knie gegen das Eis zu lehnen, muss man, um besseren Halt auf den schmalen Zacken der Steigeisen zu haben, die Fersen eher hängen lassen. Der Oberkörper bleibt aufrecht, je nach Steilheit nimmt man eine leichte Bogenspannung ein, indem man das Becken etwas zur Wand schiebt.

Das Setzen der Frontalzacken ist kein gewalttätiger Fußhieb gegen das Eis, sondern eher ein sanftes Schwingen aus dem Kniegelenk. Tritt man zu fest gegen das Eis, kann es sogar sein, dass der Fuß abprallt. Durch ein oder in steilerem Gelände auch zwei Eisgeräte in den Händen unterstützt man das Gleichgewicht und hält den Oberkörper an der Wand. Solange das Gelände nicht senkrecht ist, ist das Eisklettern mit etwas Technik recht schnell zu erlernen. Ab einer Neigung von 70 Grad beginnt das Steileisklettern.

Stöcke oder Pickel?

Die Entscheidung zwischen Skistöcken und Pickel ist so etwas wie die Gretchenfrage beim Gletschergehen. Früher galt es als verpönt, mit Stöcken am Gletscher unterwegs zu sein. Das ist heute anders. Aber das soll nicht heißen, dass man den Pickel nicht mehr braucht. Im Prinzip kann man sagen: Spätestens wenn die Steigeisen angelegt werden, kommen die Stöcke weg und der Pickel wandert in die Hand.

Für Passagen, wo man zwischen Stöcken und Pickel wechselt oder man mit dem Pickel unterwegs ist und zwischendurch beide Hände frei haben will (etwa zum Klettern), kann man den Pickel gut hinter den Rucksack stecken. Da ist er immer griffbereit und stört nicht sonderlich. Beim Abnehmen des Rucksacks muss man allerdings darauf achten, dass sich der Pickel nicht selbstständig macht.

Absteigen

Schon im Schnee kostet das taloffene Absteigen einiges an Überwindung. Allerdings bohren sich dort die Zacken der Steigeisen bis zum Anschlag in den Untergrund und vermitteln so guten Halt. Am aperen Gletscher kann es sein, dass die Zacken nur am Eis ritzen. Dadurch steht man wackliger; für Ungeübte ist es schwer vorstellbar, dass die Steigeisen wirklich halten. Da hilft nur: ausprobieren und (beim Üben) an die Grenze herantasten.

Am Eis tut man sich am leichtesten, wenn man gerade – also in Falllinie – absteigt. Auch hier sollten alle Vertikalzacken der Steigeisen auf das Eis gesetzt werden. Bei härterem Eis ist ein etwas kräftigeres Auftreten vorteilhaft. Die Füße stehen etwa schulterbreit, die Zehen sind leicht nach außen gedreht. Um alle Vertikalzacken aufsetzen zu können, müssen Fußgelenk, Knie und Hüfte gebeugt werden. Der Körperschwerpunkt lastet über den Standflächen. Je steiler das Gelände, desto mehr müssen die beteiligten Gelenke gebeugt werden. Das verlangt eine gehörige Portion Kraft in den Oberschenkeln –

Im (Blank-)Eis erfordert taloffenes Absteigen viel Überwindung und die richtige Technik.

Am häufigsten verwendet: Der
Spazierstockpickel.

aber es ist erstaunlich, wie steil man auf diese Weise absteigen kann.

Und was macht der Pickel dabei? Es gibt in der Theorie zwar viele verschiedene Arten der Pickelhandhabung beim Abstieg, in der Praxis spielen aber nur zwei eine wirkliche Rolle: der normale Spazierstockpickel und der Seitstützpickel. Energisch eingesetzt, gibt der Spazierstockpickel guten Halt und hilft dabei, das Gleichgewicht zu halten. Wird das Gelände steiler, ist die Seitstützpickeltechnik hilfreich und sinnvoll.

Dazu wird der Pickel mit einer Hand am Kopf gefasst, die andere greift weit unten am Schaft. Mit dem Dorn des Schafts stößt man nun den Pickel ins Eis. Dabei lastet viel Gewicht auf dem Pickel. Um die beste Krafteinwirkung zu erlangen, ist es wichtig, dass die untere Hand so tief wie möglich greift. Die Füße stehen in etwa so wie beim normalen Abstieg, lediglich der Körperschwerpunkt befindet sich ausnahmsweise einmal hinter den Füßen. Denkt man sich ein Kräftedreieck zwischen den beiden Füßen und dem eingerammten Pickel, auf dem viel Kraft lastet, wird deutlich, dass sich der Körperschwerpunkt in etwa in der Mitte dieses Dreiecks befindet. Zum

Seitstützpickel: Technik beim Absteigen über eine kurze Steilstufe.

Umsetzen des Pickels wird der Körperschwerpunkt dann natürlich über die Füße bewegt, sonst würde man nach hinten umkippen. Der Pickel ist dadurch entlastet und kann nahe an den Füßen wieder eingesetzt werden. Nun geht man mit kleinen Schritten nach unten, und der Bewegungsablauf wiederholt sich.

Beim Begehen von Gletschern sollten Steigeisen immer dabei sein.

Typische Fehler und Gefahren

☞ **Abrutschen, Aufkanten der Steigeisen beim Aufstieg.**

Ursache: Es werden nicht alle Zacken eingesetzt, sondern nur die bergseitige Zackenreihe der Steigeisen.

Abhilfe: Man muss sich darauf konzentrieren, alle Zacken aufzusetzen; den Talfuß mit den Zehen zum Tal drehen.

☞ **Das Steigeisen bleibt in der Hose oder in den Riemen des anderen Steigeisens hängen.**

Ursache: Zu enge Schrittführung, die Zehen sind nicht nach außen gedreht.

Abhilfe: Bewusst breitbeinig gehen.

☞ **Abrutschen des Fußes bei der Frontalzackentechnik.**

Ursache: Die Ferse ist zu hoch angezogen, das Knie lehnt am Eis.

Abhilfe: Fersen bewusst hängen lassen.

Alpine Gefahren

Berge sind gefährlich. Wer sich ins Gebirge begibt, setzt sich – bewusst oder unbewusst – einem Risiko aus. Denn ganz ohne Risiko ist Bergsport nicht möglich. Und mal ganz ehrlich: Würden wir noch in die Berge gehen, wenn man dort keinerlei Gefahr ausgesetzt wäre? Der Mensch ist von Natur aus dazu bereit, vielleicht sogar süchtig danach, Ungewissheit zu erleben. Während unser Alltag immer sicherer wird, geben uns die Berge die Chance, diese totale Sicherheit zu verlassen. Das heißt aber nicht, dass in den Bergen lauter Hasardeure unterwegs sind. Umkommen will in den Bergen keiner – man will etwas erleben, sich verausgaben, sich intensiv erleben, aber nicht dort sterben.

Jeder Mensch hat eine andere Risikobereitschaft. Was für den einen wahnsinnig erscheint, ist für den anderen harmlos. Bevor man jemand anderen aburteilt, sollte man bedenken, dass das Leistungsniveau im Bergsport extrem unterschiedlich ist. Trotzdem, ein Restrisiko bleibt. Denn im alpinen Gelände drohen alpine Gefahren. Wer sich ihrer bewusst ist, ist in den Bergen bedeutend sicherer unterwegs.

Objektiv oder Subjektiv?

Bis vor wenigen Jahren wurden die alpinen Gefahren in objektive und subjektive Gefahren unterteilt. Als objektive Gefahren bezeichnete man jene, die vom Gebirge her resultieren, die der Bergsteiger nicht beeinflussen kann. Dazu zählten Steinschlag, Lawinen, Eisschlag, Wetterkapriolen. Als subjektive Gefahren bezeichnete man jene, die vom Bergsteiger selbst ausgingen, für die er selbst verantwortlich war – Ermüdung, Selbstüberschätzung und dergleichen.

Diese Sicht der Dinge ist heute überholt. Zu sehr sind die Aspekte miteinander verknüpft, wie man am Beispiel der Lawinengefahr recht anschaulich darstellen kann: Für einen unwissenden, unbedarften Schneeschuhgeher, der von Schnee- und Lawinenkunde keine Ahnung hat, ist der frisch eingewehte Nordhang des Musterkogels eine objektive Gefahr, denn er weiß nicht, wie gefährlich der Hang ist. Der Tiefschnee-Freak, der gerade dabei ist, vom Gipfel in den Hang einzufahren, weiß, dass der Hang gefährlich ist, aber er nimmt die Gefahr ganz bewusst in Kauf. Für ihn ist der Nordhang des Musterkogels eine subjektive Gefahr.

Die Verschiebung in der Betrachtungsweise ändert aber nichts an der Tatsache, dass es die Gefahren gibt. Das Gefährliche an den Gefahren ist, dass tagtäglich viele Fehler gemacht werden, aus denen aber kein Unfall resultiert. Derjenige, der den Fehler begangen hat, merkt häufig nicht einmal, dass da was falsch gelaufen ist, und lernt daher auch nichts daraus.

In der alpinen »Heldenliteratur« kann man immer wieder lesen, wie hart eine Besteigung oder Expedition war und was für ein hohes Risiko die Akteure eingegangen sind. Das heißt aber nicht, dass der Normalbergsteiger das nachahmen sollte. Der russische Bergsteiger Valeri Babanov etwa bestieg 2004 den Nuptse East, einen Nachbargipfel des Mount Everest, über eine extrem schwierige Route. In einem Biwak auf über 7000 Metern klagte er über Schwindel, Übelkeit, Kälte. Jeder normale Mensch kehrt bei solchen Anzeichen um. Nicht Babanov: Er stieg weiter zum Gipfel und kam auch lebend wieder vom Berg herunter. Ein Beispiel sollte man sich an ihm allerdings nicht nehmen.

Der Lhotse im Abendlicht.

Der Geübte und Erfahrene wird sich weniger alpinen Gefahren aussetzen als der Neuling. Er hat schon vieles erlebt, war vielleicht auch schon in brenzligen Situationen und hat daraus gelernt. Das geht kaum über ein Buch und auch nur bedingt über Kurse. Erfahrung sammelt man nur vor Ort, im Gebirge. Man sollte sein Tun und seine Touren daher seinem Grad an Erfahrung anpassen und langsam, parallel mit der zunehmenden Erfahrung, auch die Schwierigkeit der Unternehmungen steigern.

Absturz

Bergsteiger stürzen ab – das passiert leider immer wieder. Der Absturz ist der Inbegriff für die Gefährlichkeit der Berge. Ein Absturz ist in den meisten Fällen das Ergebnis von zu wenig Erfahrung, von Selbstüberschätzung oder Fehleinschätzung. Nur in einem Promillebereich erfolgt ein Absturz unverschuldet (wenn Sicherungen ausbrechen, das Seil reißt). Auch ein Seilschaftssturz ist von denjenigen, die mitgerissen werden, zumindest zu einem gewissen Anteil mitverschuldet. Wenn man im Absturzgelände gleichzeitig geht und nicht jedes Seilschaftsmitglied über eine blinde Sicherheit in diesem Gelände verfügt, muss man sichern. Oft besteht die Problematik darin, das Absturzgelände überhaupt als solches zu erkennen. In manchen Fällen verhindert aber auch die Bequemlichkeit der Teilnehmer, Maßnahmen gegen Absturz zu ergreifen.

Sicherung am Gletscher oder gegen Absturz?

Bestes Beispiel ist der Normalweg auf den Piz Palü in der Berninagruppe. Bis in den Ostsattel geht man in aller Regel gletschermäßig angeseilt. Ab dem Ostsattel stellt aber weniger die Spaltensturzgefahr als vielmehr die Steilheit des Geländes eine Bedrohung dar. Beobachtet man an einem schönen Sommertag die Seilschaften, gehen sicherlich 80 Prozent so weiter, wie sie auch am Gletscher gegangen sind. Stolpert ein Seilschaftsmitglied, ist der Seilschaftssturz vorprogrammiert. Möglich und sinnvoll wären hier drei Arten der Sicherung bzw. des Gehens:

☞ kurzes Seil (für Seilschaften mit Führer)

☞ Sicherung über Fixpunkte (für unsichere Geher)

☞ seilfreies Gehen (für sichere Geher)

Steinschlag

Steinschlag ist sicherlich diejenige unter den alpinen Gefahren, die am wenigsten durch Können oder Erfahrung zu beeinflussen ist. »Am wenigsten« heißt aber nicht, dass die Gefährdung überhaupt nicht zu beeinflussen ist. Muss man einen bekannt steinschlaggefährdeten Hang passieren, hat man die Wahl: Man kann das als Erster tun oder in einem riesigen Pulk mit etlichen anderen ober- und unterhalb. Man kann den Hang am frühen Morgen begehen, wenn es noch kühl ist, oder erst am Vormittag, wenn die Sonne bereits hineinscheint und das stabilisierende Bodeneis auftaut.

Die wichtigsten Verhaltensregeln bei Steinschlaggefahr:

☞ Droht Steinschlag, trägt man einen Helm. Leichte Steinschlaghelme wiegen heute nur wenig über 200 Gramm. Das Argument »zu schwer« zählt da nicht mehr.

☞ Passagen, die dem Steinschlag ausgesetzt sind, sollten möglichst zügig, aber ohne Hektik passiert werden. Auf keinen Fall dürfen in diesem Gelände Pausen eingelegt werden. Kleiderwechsel oder Ähnliches ist auf später zu verschieben.

☞ Man kann schon bei der Tourenplanung und der Routenwahl überlegen, ob oberhalb andere Bergsteiger zu erwarten sind. Ist das mit großer Sicherheit der Fall und das Gelände steinschlaggefährdet, muss man so früh aufstehen, dass man selbst der Erste ist, oder warten, bis andere Gruppen weg sind – oder man sucht sich gleich eine andere Tour.

☞ Die Geländewahl kann entscheidend sein. In Rinnen und Trichtern sammeln sich die Steine, auf Graten und Rücken geht man sicherer. Da kann es schon mal besser sein, die ausgetretenen Pfade zu verlassen und woanders zu gehen.

☞ Sind kürzere gefährliche Passagen zu begehen, begeht man sie einzeln. Der Nächste geht erst los, wenn der Vorangehende aus der Schussrichtung ist.

☞ Sind längere steinschlaggefährdete Passagen zu bewältigen, ist es das Beste, wenn

Vorsicht, Steinschlaggefahr. Kein geeigneter Rastplatz!

die Gruppe eng zusammen bleibt. Dann treffen losgetretene Steine mit einer noch nicht zu hohen Geschwindigkeit und Wucht auf die Nachfolgenden.

☞ Steinschlagträchtige Rinnen sind einzeln zu queren. Meist empfiehlt sich die Taktik, bis zur Mitte langsam zu gehen und im Fall eines Steinschlags umzukehren und schnell zurückzukommen, ab der Mitte zügig bis zur gegenüberliegenden Seite weiterzugehen. Dabei schaut nicht derjenige, der geht, ob Steinschlag kommt oder nicht, sondern ein eigens abgestellter Beobachter. So kann sich der Begeher voll und ganz auf das zügige Gehen konzentrieren.

☞ Ist man in einer Flanke oder einer Wand Steinschlag ausgesetzt, läuft man am besten zur Wand hin oder lehnt sich an sie. Wenn noch Zeit verbleibt, kann man nach Möglichkeit den Rucksack über den Kopf ziehen.

☞ Ist man an exponierter Stelle Steinschlag ausgesetzt, macht es mehr Sinn, nach oben zu schauen, um reagieren und ausweichen zu können, als sich hinzukauern und zu hoffen, dass es einen nicht erwischt.

Verirren

Sich im Gebirge zu verirren ist heute gar nicht mehr so einfach. Zumindest nicht, wenn man die richtige Ausrüstung hat und frühzeitig entsprechende Maßnahmen trifft. Aber noch nicht jeder läuft mit einem GPS-Empfänger im Gebirge herum, und in ganz bestimmten Situationen kann einem auch das GPS-Gerät nicht weiterhelfen.

Die häufigste Ursache für Verirren ist, dass die Leute keine Karte dabei-

Im Nebel verliert man schnell die Orientierung.

Unter solchen Bedingungen den richtigen Abstieg zu finden ist nicht leicht.

haben, sie zu spät oder gar nicht zu Rate ziehen oder nichts mit ihr anfangen können. Mit ein wenig Übung kann man da abhelfen. Auf Tour ist es wichtig, ständig zu wissen, wo man sich befindet bzw. wo man hinmuss. Dafür kann es mitunter nötig sein, 5 Minuten von der Hütte entfernt die Karte zu zücken.

Nebel: Nebel kann je nach der Beschaffenheit des Geländes unterschiedlich gefährlich sein. Ist man auf einem gut angelegten und markierten Weg, kann Nebel reizvoll sein. Befindet man sich in weglosem Gelände mit Absturzgefahr, ist Nebel so ziemlich das Schlimmste, was passieren kann. Und auch auf Gletschern oder weiten Schneeflächen kann Nebel zu einem ernsthaften Problem werden.

Gerade bei Nebel ist ein GPS-Gerät sehr hilfreich, weil es unabhängig von der Sicht arbeitet. Zur Orientierung hilft das GPS allein aber auch nicht, dazu braucht es noch eine Karte und das Wissen, wie man mit ihr umgeht (vgl. Kapitel »Orientierung«, S. 44). Ist abzusehen, dass Nebel aufzieht, und man weiß nicht ganz sicher, wo man sich befindet, sollte man seinen Standpunkt bestimmen, solange es noch geht. Ist der Rückweg sicher und eindeutig, der Weg nach vorne aber ungewiss, ist Umkehren im Normalfall die bessere Wahl, auch wenn der Rückweg länger ist.

Befindet man sich in unwegsamem Gelände mit Absturzgefahr, kann es das Beste sein, den Nebel auszusitzen. Oftmals handelt es sich nur um vereinzelte Nebelbänke, die durchziehen, und nach wenigen Minuten oder vielleicht auch nach 1 oder 2 Stunden kann die Sicht wieder einwandfrei sein. Was in solch einem Fall zu tun ist, ist vom Wetterbericht, dem Gelände und den Betroffenen abhängig. Eine Faustregel, die für alle Nebel-Situationen richtig ist, gibt es nicht.

Mit Stirnlampe unterwegs im Dunkeln.

Dunkelheit: Bei Hochtouren gehört es dazu, im Dunkeln zu gehen. Gerade im Hochsommer bei ausgedehnten Touren ist das frühzeitige Aufbrechen keine Seltenheit. Meist hat man in diesen Fällen allerdings die Möglichkeit, sich den Weg am Tag vorher anzuschauen. Oft sind die Passagen auch recht gut markiert, weil es üblich ist, diese Wegstücke im Dunkeln zurückzulegen. Eine gute Stirnlampe ist hier wertvoll. In der Praxis setzen sich LED-Lampen immer mehr durch. Moderne Lampen haben nicht nur eine lange Leuchtdauer, sie können je nach Einstellung auch sehr weit leuchten.

Wenn die Dunkelheit nicht eingeplant war und man von ihr überrascht wurde, wird man froh sein, wenn man grundsätzlich zumindest eine kleine (Stirn-)Lampe dabei hat. Sie wiegt nicht viel mehr als 50 Gramm und leuchtet für einige Stunden ziemlich hell.

Gibt es Wege, findet man sein Ziel meist auch im Dunkeln – wenn auch langsamer. In weglosem oder schwierigem Gelände kann es ohne Lampe aber schnell ernst werden. Ein ungeplantes Biwak ist in einer solchen Situation mit Sicherheit das kleinere Übel (vgl. Kapitel »Biwakieren«, S. 140).

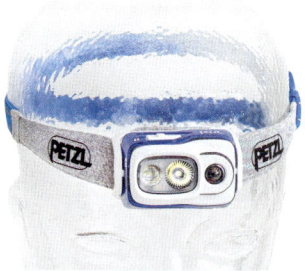

Eine Mini-Stirnlampe.

Überanstrengung / Überforderung

Sich in Zeiten des Handys darauf zu verlassen, im Notfall vom Hubschrauber gerettet zu werden, ist ein Trugschluss. Nicht unter allen Umständen kann ein Helikopter fliegen. Deshalb sollte man seine Touren lieber so planen, dass man allein auf den Berg hinauf- und auch wieder herunterkommt.

Viele Bergsteiger sind Saison-Bergsteiger, das heißt, dass sie im Sommer drei Wochen in den Bergen verbringen, aber ansonsten kaum im Gebirge unterwegs sind. Auch wenn sie zu Hause sportlich aktiv sind, ist Bergsteigen eine ganz andere Belastung. Der Urlaub sollte daher so gestaltet werden, dass man Zeit hat, sich anzupassen. Die Höhe, die lange, extensive Anstrengung, die Sonne und die viele frische Luft – all das macht den Gelegenheitsbergsteiger schnell müde. Das geht allen so und ist keine Schande.

Hat man eine Tour, vor der man ziemlichen Respekt hatte, sicher hinter sich gebracht, ist man zu Recht stolz. Aber mal ganz ehrlich: Kann man auf eine Tour stolz sein, die man nur mit Hängen und Würgen und zähneklappernd bewältigt hat? Sicherlich kaum – sich zu überwinden hat nichts damit zu tun, ständig überfordert zu sein.

Eine typische Überforderungssituation ist die Partnerkonstellation: Einer der beiden ist geübt und trainiert, der andere eher ängstlich. Auch unter Partnern sollte der Grundsatz gelten: Länge und Schwierigkeit der Tour richten sich nach dem Schwächeren. Andernfalls kann man dem anderen den Spaß an den Bergen schnell vermiesen.

Die Tour sollte allen Teilnehmern Spaß machen.

Kann auch schön sein: Ein Biwak unter freiem Himmel.

Biwakieren

Man unterscheidet grundsätzlich zwischen einem planmäßigen und einem unplanmäßigen Biwak. An dieser Stelle interessiert vor allem das unplanmäßige Biwak.

Viele haben vor einer Übernachtung im Freien einen enormen Respekt. Dabei ist es häufig das kleinere Übel, eine Nacht zu frieren. Wer von der Dunkelheit oder von Nebel überrascht wird und nicht mehr weiß, wo es weitergeht, ist gut beraten, sich beizeiten eine geeignete Stelle für ein Biwak zu suchen. Die verzweifelte Suche nach der Hütte oder nach dem Weg ist oftmals nervenaufreibend und kräftezehrend. Bietet sich eine Stelle zum Biwakieren an, sollte man die Vor- und Nachteile abwägen und gegebenenfalls gleich das Nachtlager vorbereiten.

Wichtig ist vor allem, dass man eine windgeschützte Stelle findet oder einen Windschutz aufbauen kann. Eine Höhle ist optimal, wird sich aber in den seltensten Fällen finden. Aber überhängende Steine, dichtes Buschwerk oder herunterhängende Äste stellen oftmals einen guten Schutz dar.

Ein entscheidender Aspekt ist die persönliche Ausrüstung. Ein Biwaksack ist für einen solchen Fall Gold wert. Zusätzlich zieht man alle Kleidungsschichten, die einem zur Verfügung stehen, übereinander an, wobei vor allem wichtig ist, dass man etwas Trockenes auf der Haut hat. Auch der Kopf sollte eingehüllt sein, denn über ihn geht sehr viel Wärme verloren. Da bewährt es sich, wenn man eine Mütze dabeihat; darüber eine Kapuze schützt zusätzlich.

Eine warme Unterlage isoliert gegen die Kälte von unten. Viele Rucksäcke haben eine kleine Isomatte im Rückenteil. Ansonsten kann man sich zumindest auf den Rucksack setzen. Gras und Äste können, wo vorhanden, zusätzlich gegen die Kälte von unten isolieren. Die Schnürung der Schuhe wird gelockert, damit das Blut besser zirkulieren kann. Grundsätzlich wird unter normalen Umständen und mit passender Ausrüstung bei einer Nacht im Freien niemand erfrieren, außer eine Person ist extrem geschwächt oder das Wetter schlägt Kapriolen.

Befindet man sich im Vegetationsbereich, kann man auch ein Feuer machen. Streichhölzer (oder ein Feuerzeug) sollten sich im Erste-Hilfe-Päckchen befinden, das hoffentlich immer dabei ist (vgl. Kapitel »Erste Hilfe am Berg«, S. 146). Unter solchen Umständen wird eine Biwaknacht schnell zu einem unvergesslichen Erlebnis. Aber bei aller Euphorie sollte man sich trotzdem klarmachen: Wer zu einem unplanmäßigen Biwak gezwungen ist, hat vorher schon grobe Fehler in der Tourenplanung oder -durchführung gemacht.

Gewitter

Gewitter sind direkt oder indirekt eine der häufigsten Unfallursachen im alpinen Gelände. Zieht eine Kaltfront über die Alpen und bringt Unwetter mit sich, kann man nicht selten entlang des Zuggebiets der Kaltfront die Unfallmeldungen verfolgen. Massive Kaltfronten werden im Wetterbericht normalerweise ausdrücklich erwähnt.

Berge nach einem sommerlichen Kaltfrontdurchgang mit Frontgewitter.

Im August 1986 gab es beim Durchzug einer Kaltfront allein am Watzmann vier Tote. Freitags war das Wetter ungewöhnlich warm und schön. Viele machten sich ins Gebirge auf, auch zu langen Touren wie der Watzmann-Ostwand. Am Samstagmorgen lagen bis auf 1800 Meter herunter 20 cm Schnee. Viele Kletterer und Bergsteiger saßen in der Falle. Etwas anders verlief 2004 der Durchzug einer Gewitterfront im Berner Oberland und im Wallis. Die Front kam deutlich früher als vorhergesagt und war sehr schnell. Viele Gruppen waren noch zu Touren aufgebrochen – in dem Glauben, das Wetter wäre bis mittags stabil. Auch ein deutscher Bergführer wurde mit seinen Gästen beim Abstieg vom Mönch von dem Gewitter überrascht. Ein Blitzeinschlag in seiner unmittelbaren Nähe bewirkte, dass er eine Zeit lang bewusstlos war. Seine Gäste, die er gerade über eine Steilstufe abgelassen hatte, hielten ihn für tot.

Verhalten bei Gewittern: Trotz einer sorgfältigen Tourenplanung und aller Vorsichtsmaßnahmen kann es passieren, dass man von einem Gewitter überrascht wird. Wie in vielen Situationen ist es auch bei Gewittern entscheidend, die Ruhe zu bewahren. Wenn man in heller Panik flieht und dabei abstürzt, ist auch nichts gewonnen.

Grundsätzlich muss man sich von allen exponierten Stellen entfernen. Dabei stellen Gipfel mit ihren häufig aus Metall bestehenden Gipfelkreuzen eine besondere Gefahr dar, ebenso Grate oder Kuppen. Dass es ungünstig ist, unter Bäumen Schutz zu suchen, ist hinlänglich bekannt. Ein ernsthaftes Problem hat man auf einem Klettersteig – die Stahlseilversicherungen wirken wie Blitzableiter. Wenn es irgendwie möglich ist, weg von Leitern und Drahtseilen! Meist bieten Flachstücke eine gute Möglichkeit, sich davon zu entfernen. Wobei man dann darauf achten muss, dass man nicht von Steinen, die durch den Regen gelöst werden, getroffen wird. Kleinere Felsüberhänge und Gufeln (seichte Höhlen) bieten keinen Schutz, da der Körper als Kurzschlussbrücke dienen würde. Wenn in Höhlen Schutz gesucht wird, müssen diese ausreichend tief und hoch sein. Grundsätzlich ist es günstig, die

Kurz nach einem Gewitter.

Füße eng zusammenzustellen, sich so klein wie möglich zu machen und sich auf eine isolierende Unterlage (Rucksack, Seil) zu kauern. Entsprechendes gilt für freies Gelände, wobei man sich dort günstigerweise noch eine Vertiefung suchen sollte. Gegenstände aus Metall sollte man mindestens 30 Meter entfernt deponieren.

Es gibt das Phänomen, dass sich an metallischen Gegenständen kleine, sprühende Funken – das sogenannte Elmsfeuer – bilden. Dies ist ein Hinweis auf einen möglicherweise bevorstehenden Blitzeinschlag. Da-

Ein guter Schutz: Biwakschachteln.

her sollten solche Plätze rasch verlassen werden. Ist Schnee in der Nähe, ist man dort besser aufgehoben als auf felsigem Untergrund. Auf Schnee und Eis herrscht ein besserer Spannungsausgleich als auf Stein.

Den wirkungsvollsten Schutz vor Gewittern und Blitzeinschlag bieten Hütten mit Blitzschutzvorrichtung. Alte, hölzerne Biwakschachteln oder Heuschober ohne Blitzableiter bieten keinen Schutz. In solchen Fällen lieber draußen an einem geeigneten Ort aufhalten, auch wenn man dabei nass wird. Biwakschachteln aus Metall – das sind die meisten – sind bei Gewittern zu empfehlen. Sie sind Faraday'sche Käfige, in denen man sicher ist. Man wird bei einem Blitzeinschlag allerdings ziemlich erschrecken. Und: Man sollte die metallene Hülle nicht berühren.

Gewitter und Zelt: Heiß diskutiert wird immer wieder die Situation, wenn man sich bei einem Gewitter im Zelt befindet. Das Zelt ist kein Faraday'scher Käfig, man ist also im Zelt vor Blitzeinschlag nicht sicher. Grundsätzlich hat man im Zelt dieselbe Chance, vom Blitz getroffen zu werden, wie an derselben Stelle außerhalb des Zeltes. Daher ist es entscheidend, wo man sein Zelt hingestellt hat. Genau wie für Personen gilt auch für das Zelt: eher in Senken (auch wenn sich da das Wasser sammelt) als auf Kuppen, nicht unter Bäume. Befindet man sich im Zelt, sollte man sich hinkauern, am besten auf die zusammengefaltete Isomatte. Sich lang hinzulegen ist ungünstig; man sollte so wenig Bodenkontakt wie möglich haben.

Verhalten bei Gewitter im Wandergelände:

☞ Einzeln stehende Bäume und Waldränder meiden. Tief im Wald ist man sicherer.

☞ Exponierte Stellen meiden, wenn möglich in Mulden auf isolierende Unterlage kauern.

☞ Einzelne größere Felsbrocken, kleine Höhlen oder Nischen meiden und nicht der Versuchung erliegen, sich dort unterzustellen.

☞ Gruppenbildung vermeiden. Nicht mit mehreren Leuten dicht gedrängt an einer Stelle hocken.

☞ Mit den Füßen eng zusammen hinhocken (nicht setzen!)

Verhalten bei Gewitter im (hoch-)alpinen Gelände:

☞ Ruhe bewahren.

☞ Exponierte Stellen wie Grate, Gipfel, Rippen oder Kuppen meiden.

☞ Sich seitlich von Drahtseilversicherungen entfernen.

☞ Wenn möglich auf Schnee kauern und nicht auf Fels.

☞ Wenn in der Nähe, eine Biwakschachtel aufsuchen.

☞ Metallische Gegenstände sicherheitshalber 30 Meter entfernt ablegen.

»Aussitzen« von Gewittern: Man tut gut daran, sich vor einem Gewitter möglichst zu schützen. Es stellt sich allerdings bei jedem Gewitter die Frage, ob man das Gewitter geschützt abwartet, bis sich das Wetter bessert, oder ob man schon bald nach dem Durchzug bei immer noch schlechtem Wetter weitergeht. Dazu sollte man wissen, um was für ein Gewitter es sich gehandelt hat. War es ein Wärmegewitter (vgl. Kapitel »Gewitter«, S. 141), oder ging das Gewitter mit einer Kaltfront einher? Wärmegewitter kann man je nach Tageszeit und Tour »aussitzen«. Meist bessert sich das Wetter innerhalb relativ kurzer Zeit wieder. Häufig scheint 30 Minuten nach dem Gewitter schon wieder die Sonne. Das ist vor allem wichtig zu wissen, wenn man auf einer längeren, anspruchsvollen Tour unterwegs ist. Handelt es sich hingegen um ein Kaltfrontgewitter, ist es das Beste, so schnell wie möglich »Land zu gewinnen«. Während und nach dem Gewitter wird die Temperatur rapide fallen (nicht selten um bis zu 15 Grad), es kann zu Hagel, Graupel oder Schneefall kommen und empfindlich kalt bleiben – gerade auf anspruchsvollen Touren denkbar ungünstige Bedingungen, um die Situation »auszusitzen«.

Erste Hilfe am Berg

Bei den meisten Menschen ist der letzte Erste-Hilfe-Kurs mindestens so alt wie der Führerschein. Leider: Kommt es nämlich zum Ernstfall im Gebirge, wissen viele nicht, was sie tun sollen, und trauen sich deswegen nicht zu helfen. Aber jeder kann helfen, auch wenn man von der planmäßigen Ersten Hilfe keine Ahnung hat. Anderen Helfern zur Hand gehen, den Verletzten umlagern, ihm gut zureden oder die Unfallmeldung absetzen – es gibt immer etwas zu tun. Ganz nebenbei sollte man bei diesem Szenario dann den Entschluss fassen, als Nächstes einen Erste-Hilfe-Kurs zu besuchen. Schließlich kann es auch einmal ein Angehöriger sein, der Hilfe braucht. Und häufig haben kleine, aber feine Handgriffe eine entscheidende Wirkung.

Schon vor einer Tour sollte man ein paar Dinge berücksichtigen, die in einem Notfall wichtig sein können. Das heißt nicht, dass man immer vom Schlimmsten ausgehen muss. Aber es ist immer sinnvoll, jemanden mitzuteilen, wohin man geht. Für Alleingeher ist das ein Muss, aber auch für kleine Gruppen eine Maßnahme, die kaum Aufwand erfordert, bei einem Notfall aber sehr hilfreich sein kann. Außerdem sollte ein aufgeladenes Handy griffbereit dabei sein. Schreiben Sie sich Ihre eigene Handy-Nummer irgendwo klein auf das Gerät, unter Umständen auf einen Streifen Tape. So haben Sie die Nummer, unter der Sie erreichbar sind, immer griffbereit. Ein wichtiger Aspekt auch für den Fall, dass Ihnen etwas zustößt, ein fremder Helfer aber selbst kein Handy dabeihat.

Was es am Unfallort immer zu tun gibt:

☞ Sich und Verletzte aus der Gefahrenzone bringen. Steinschlag oder Lawinen können ansonsten zu weiteren Verletzungen oder Verletzten führen. Dabei geht die Bergung immer vor, dann erfolgen Erstversorgung und Unfallmeldung.

☞ Ruhe bewahren.

☞ Sich selbst und dem Verletzten Mut machen.

Haut- und Weichteilverletzungen

Schürf-, Riss- und Platzwunden sind unter Bergsportlern die häufigsten Verletzungen. Das erstaunt nicht, wenn man bedenkt, dass die Haut mit bis zu 2 Quadratmeter Fläche unser größtes Organ ist.

Bei blutenden Wunden ist es entscheidend, den Blutfluss zu stoppen. Bereits ein Blutverlust von einem halben Liter führt zu einem Schockzustand, der lebensbedrohlich sein kann, wenn er nicht erkannt oder falsch interpretiert wird. Außerdem muss eine Infektion der Wunde verhindert werden. Deshalb sollte man bei der Erstversorgung von

Wunden steriles Verbandsmaterial verwenden. Ein Argument mehr dafür, immer ein Verbandspäckchen bei sich zu haben. In jedem Fall sollte die Tetanusimpfung überprüft werden.

Schürfwunden: Die Wunde nicht anfassen, normalerweise auch nicht auswaschen oder reinigen! Groben Schmutz kann man gegebenenfalls mit sauberem Wasser – beispielsweise aus einer Quelle – abwaschen. Danach wird die Wunde verbunden, und zwar so, wie sie ist. Keine Puder oder Salben aufbringen! Sind größere Fremdkörper in der Wunde, werden diese gepolstert und mit verbunden.

Platzwunden: Platzwunden bluten mitunter sehr stark (besonders am Kopf), daher muss es oberstes Ziel sein, die Blutung zu stillen. Das Verbinden kann je nach Blutung mit einem Druckverband oder einem normalen Verband bzw. Pflaster geschehen. Ist die Blutung gestillt, eignen sich Klammerpflaster dazu, die Wunde zu verschließen.

Schnittwunden: Die Blutung zu stillen ist oberstes Gebot. Schon allein eine hohe Lagerung oberhalb des Herzens kann dabei helfen. Zusätzlich kann man bei stark blutenden Wunden versuchen, die Blutung durch Druck auf die Blutungsstelle zu stillen. Hilft das nicht, muss der Druck erhöht werden. Bei sehr großen Wunden kann man unter Umständen sogar in die Wunde greifen und die Arterie mit den Fingern (Einmalhandschuhe!) zudrücken. Normalerweise reicht ein Druckverband.

Druckverband: Stark blutende Wunden werden mittels Druckverband versorgt, um die Blutung zu stoppen. Durch den Druck auf die Wunde kommt in den meisten Fällen die Blutung zum Erliegen. Ein fester, aber nicht harter Gegenstand (ein nicht geöffnetes Verbandspäckchen, ein zusammengeknüllter Handschuh oder Ähnliches) fest auf die Wunde drücken und stramm mit einer Mullbinde umwickeln. Dabei darauf achten, dass man die Extremität nicht abbindet. Abbinden kann zur Folge haben, dass die betroffenen Gliedmaßen absterben.

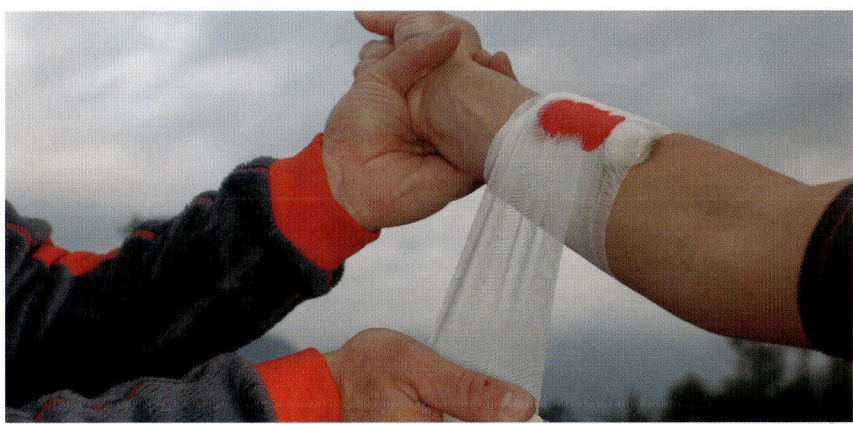

Druckverband bei starker Blutung.

Knochenbrüche

Knochenbrüche werden durch mechanische Belastungen wie Schläge, Stöße oder Biegungen hervorgerufen. Oft sind nicht nur Knochen an sich betroffen, sondern auch Blutgefäße, Bänder, Sehnen und Gelenke.

Gefahren bei Brüchen:

☞ bei offenen Brüchen hohe Infektionsgefahr

☞ Verletzung von Nerven durch Knochensplitter oder scharfe Knochenenden

☞ Schockgefahr durch Blutverlust (innere Blutung)

Anzeichen für Knochenbrüche:

☞ deutliche Formabweichung des Körperteils

☞ bei offenem Bruch Knochenende sichtbar

☞ eingeschränkte Beweglichkeit, Schmerz bei Bewegung, Knochenreiben

☞ Schmerzen, Stauchungsschmerz

☞ Schwellung, Bluterguss

☞ Funktionsverlust (Instabilität, Gehunfähigkeit)

Was tun bei einem Bruch?

Bei Knochenbrüchen kann auch der Laie vor Ort dem Verletzten mit wenigen Handgriffen eine spürbare Entlastung bringen. Vor allem bei Fehlstellungen und starken Schmerzen sind Sofortmaßnahem angebracht. Dazu gehören:

☞ Schmerzlinderung durch vorsichtigen, kontinuierlichen Längszug

☞ Gabe von (stärkeren) Schmerzmitteln

☞ Schwere Schuhe und Bekleidung belassen, da ihre Entfernung normalerweise zusätzliche Schmerzen verursacht. Wenn unklar ist, um welche Verletzung es sich handelt, kann man Bekleidung und Schuhe aber auch vorsichtig entfernen.

☞ Ruhigstellung in der für den Verletzten angenehmsten Lage, behelfsmäßige Schienung und Hochlagern der Extremität (aber: nie einen unversorgten Bruch hoch lagern, da Knochen sowieso schon schlecht durchblutet sind)

☞ Wärmeschutz, psychische Betreuung

Brüche richtig schienen

Schienen ist bei Brüchen die sinnvollste Sofortmaßnahme. Man erreicht damit eine Linderung der Schmerzen, eine Stabilisierung der Bruchstelle, Schutz vor weiteren Schmerzen (Bewegung) und Vorbeugung eines Schocks. Eine Schienung ist häufig auch improvisiert durchführbar, da die nötigen Materialien meist vorhanden sind:

☞ Ski- und Wanderstöcke, Eispickel, Äste

☞ Verstärkungen oder feste Polsterungen von Rucksäcken

☞ Isomatten, stabile Pappdeckel oder Kartons

☞ optimal: flexible, gepolsterte Aluschiene (Sam-Splint)

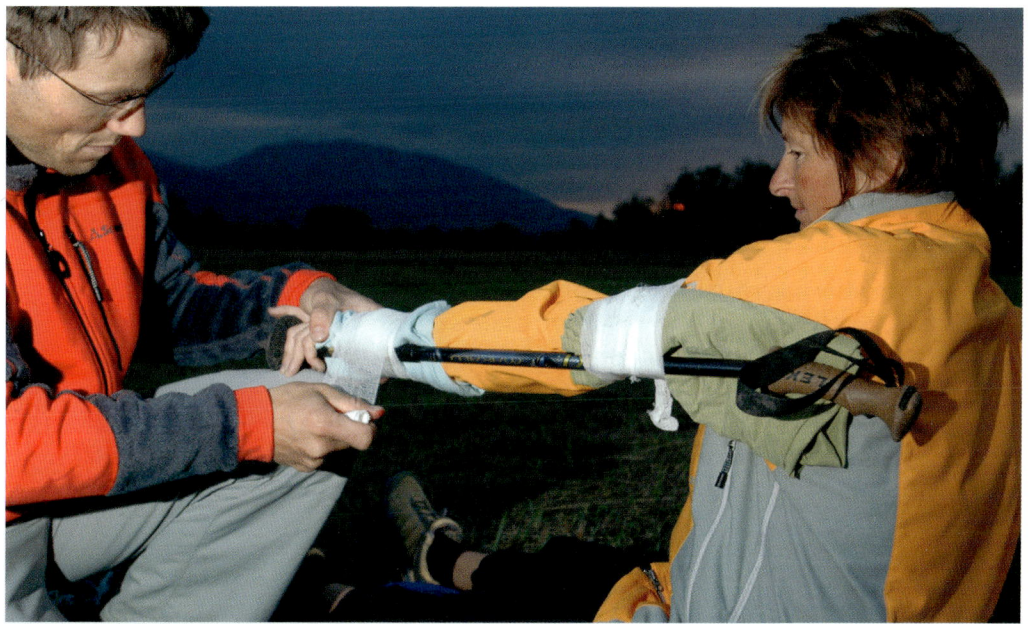

Provisorisches Anlegen einer Schiene.

Grundsätze beim Schienen:

☞ Auch die benachbarten Gelenke werden geschient, um eine effektive Ruhigstellung sowohl oberhalb als auch unterhalb des Bruches zu gewährleisten (das bedeutet bei einem Unterschenkelbruch, dass auch Sprunggelenk und Kniegelenk geschient werden).

☞ Die Schiene muss gepolstert sein.

☞ Schiene in angenehmster Lage für den Verletzten anpassen, am besten erst an unverletzter Seite oder an sich selbst ausprobieren.

☞ Schiene nicht zu fest fixieren, um die Durchblutung nicht zu behindern.

☞ Schiene nicht direkt über dem Bruch fixieren, sondern oberhalb und unterhalb des Bruches (mit Dreieckstüchern oder elastischen Binden).

☞ Durchblutung, Gefühl und Beweglichkeit unterhalb des Bruchs überprüfen (vor und nach dem Schienen).

☞ In kalter Umgebung Wärmeschutz gewährleisten.

Herz-Kreislauf-Probleme

Gerade in der typischen Wandersaison im Sommer kommt es häufig zu Herz-Kreislauf-Problemen. Neben der ungewohnten Anstrengung im Gebirge treten zusätzliche Belastungen durch Hitze, Flüssigkeitsverlust und damit verbundenen Mineralstoffmangel auf. Einigen macht außerdem die psychische Belastung zu schaffen. Für manch einen Organismus ist das zu viel, es kommt zum Kreislaufkollaps oder sogar zum Herzinfarkt. Bleiben diese Erkrankungen unbehandelt, führen sie häufig zum Tod. Daher sollte man gerade bei diesen Problemen wissen, was zu tun ist.

Anzeichen: Unwohlsein, Atemnot, Angstzustände; bei einem Herzinfarkt treten stechende Schmerzen oder ein dumpfes Druckgefühl im gesamten Brustbereich auf.

Maßnahmen: Bei Verdacht auf einen Herzinfarkt den Oberkörper hoch lagern! Ansonsten die Beine hoch lagern (nur wenn keine Herzproblematlk vorliegt), vor Auskühlung, aber auch vor direkter Sonneneinstrahlung schützen, gut zureden und versuchen, den Verletzten bei Bewusstsein zu halten, bis Hilfe kommt.

Herz-Kreislauf-Stillstand

Anzeichen: kein fühlbarer Puls (an der Halsschlagader), keine Atmung, blasse bis graue Gesichtsfarbe, keine Pupillenreaktion (wird vom Laien nicht kontrolliert), blaue Lippen.

Maßnahmen: Atemwege kontrollieren und gegebenenfalls frei machen, Kopf überstrecken, Mund-zu-Mund/Nase-Beatmung, gegebenenfalls Herzdruckmassage.

Schockzustand

Anzeichen: blasse Haut, kalter Schweiß, schwacher, schneller (rasender) Puls, beschleunigte Atmung.

Maßnahmen: Sie können bei Schock vielschichtig sein. Abwägen, was wichtiger ist: In der Regel zuerst Blutungen stillen, dann die Person in Schocklage bringen. Optimal ist es, den ganzen Körper mit dem Kopf

Schocklage mit Helfer.

nach unten geneigt zu lagern (an den Hang legen). Ist das nicht möglich, Beine hoch lagern. Ist der Schockpatient bewusstlos, muss er in die stabile Seitenlage gebracht werden. Auch dabei kann man eventuell den ganzen Körper zusätzlich mit dem Kopf nach unten geneigt lagern.

Erschöpfung
Anzeichen: bleierne Müdigkeit, Koordinationsprobleme, Sehprobleme, Angst, Unruhe, schnelle Atmung, schneller Puls, Übelkeit, Erbrechen.
Maßnahmen: lange Pause an geschütztem Platz, Energiezufuhr mit Schokolade oder Energieriegeln und gesüßten Getränken, schnellstmöglicher Abbruch der Tour.

Beatmung und Herzdruckmassage
Auf Details der Herz-Lungen-Wiederbelebung kann an dieser Stelle nicht eingegangen werden. Die grundsätzlichen Verhaltensregeln werden in Kürze dargestellt.
Atemspende: Der Helfer kniet seitlich neben dem Patienten.

☞ Kopf überstrecken

☞ Zuhalten von Mund oder Nase (je nachdem, ob Mund zu Mund oder Mund zu Nase beatmet wird)

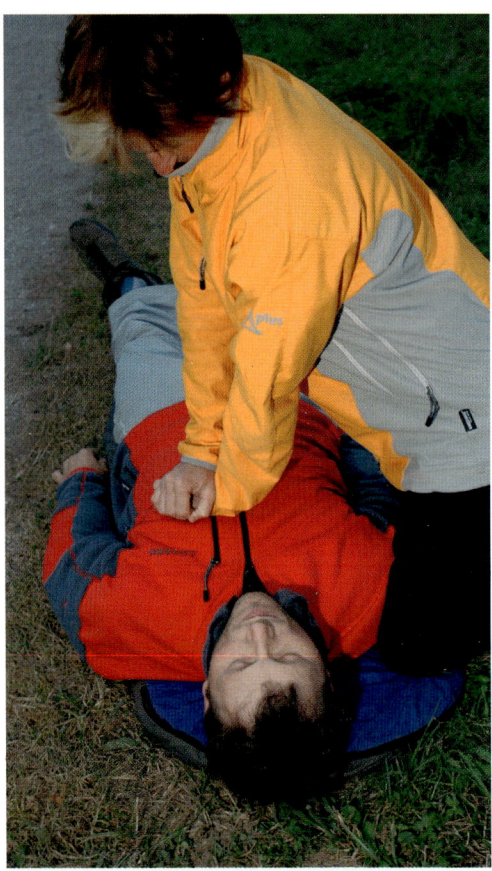

Die Herzdruckmassage sollte jeder beherrschen.

☞ Normales Atemvolumen des Helfers

☞ langsames Einblasen (ca. 2 Sekunden)

☞ Wirksamkeit kontrollieren (hebt sich der Brustkorb?)

☞ passives Ausatmen abwarten

Die Frequenz der Atemspende beträgt bei Erwachsenen 12 bis 15 Atemzüge pro Minute, das heißt, der Abstand zwischen den einzelnen Beatmungen beträgt 4 bis 5 Sekunden.

Herzdruckmassage: Puls- und Kreislaufkontrollen sind für ungeschulte Helfer schwierig durchzuführen und nehmen viel Zeit in Anspruch. Deshalb wird nach neuesten Richtlinien so verfahren, dass nur noch geschulte Helfer (Ärzte, Sanitäter) die Kontrollen durchführen, ungeschulte Helfer hingegen nur die indirekten Kreislaufanzeichen wie Atmung oder Bewegung kontrollieren. Besteht ein Verdacht auf Herzstillstand, lieber einen Verletzen unnötig wiederbeleben, als ihn nur in die stabile Seitenlage zu bringen. Unnötige Wiederbelebung ist nicht gefährlich! In Situationen, in denen nicht beatmet und gleichzeitig eine Herzdruckmassage durchgeführt werden kann, sollte lieber ohne Unterbrechung eine Herzdruckmassage durchgeführt als nur beatmet werden.

☝ *Die Herzdruckmassage ist insgesamt wichtiger als die Beatmung!*

Herzdruckmassage:

☞ Lagern der verunfallten Person auf harter Unterlage

☞ Niederknien seitlich neben dem Verunfallten

☞ Freimachen des Brustkorbs

☞ Bestimmen des Druckpunktes (in der Mitte des Brustbeines bzw. zwischen den Brustwarzen)

☞ Aufsetzen des Handballen auf den Druckpunkt und Beginn der Herzdruckmassage, dabei Arme steif halten

☞ Durchführung der Herzdruckmassage durch das Körpergewicht des Helfers; nicht aus den Armen drücken, sondern auf die Arme stützen

☞ Eindrücken des Brustbeins um etwa 4 bis 5 Zentimeter (lieber zu viel als zu wenig)

☞ etwa gleich langes Eindrücken und Entlasten

Nach neuesten Richtlinien gibt es keinen Unterschied mehr zwischen der Ein-Helfer- und der Zwei-Helfer-Methode. Da die Herz-Lungen-Wiederbelebung aber sehr anstrengend ist, ist es sinnvoll, den Helfer abzulösen, wenn genügend Leute zur Verfügung stehen.

Komplette Herz-Lungen-Wiederbelebung (bei Erwachsenen):

☞ Atemwege freimachen

☞ Druckpunkt für die Herzdruckmassage suchen
(siehe Herzdruckmassage)

☞ 30 x drücken (Frequenz ca. 100/min)

☞ Positionswechsel (bei einem Helfer)

☞ Kopf überstrecken

☞ 2 x beatmen

☞ 30 x drücken (Herzdruckmassage)

☞ und so fort

Die Frequenz des Drückens beträgt ca. 100 Kompressionen pro Minute. Dazu muss man recht schnell arbeiten. Haben Puls und Atmung eingesetzt, wird der Verunfallte in die stabile Seitenlage gebracht.

Schocklage

Der Schock ist eine häufig verkannte direkte oder indirekte Folge von Verletzungen. Bleibt ein massiver Schock unerkannt und unbehandelt, führt er nicht selten zum Tod. Schockpatienten müssen in eine liegende Position gebracht werden. Dabei sollte nach Möglichkeit der gesamte Körper in Schräglage gebracht werden, was in den Bergen oftmals möglich ist, wenn man den Patienten an einen nicht zu steilen Hang legt. Ist

Improvisierte Schocklage im Gelände.

das nicht möglich, werden Schockpatienten mit den Füßen nach oben gelagert. Dazu die Füße beispielsweise auf einen Rucksack legen. Optimal ist es, wenn die Beine in einem Winkel von ca. 45 Grad gelagert werden können.

Der Notruf

Grundsätzlich gilt für jeden Notfall, egal ob im Alltagsleben oder in den Bergen: zuerst alarmieren. Da im Gebirge aber oftmals nur wenige Helfer zur Verfügung stehen, kann es die Situation erfordern, dass man erst nach der Bergung und der Erstversorgung alarmieren kann. Auch und besonders bei der Unfallmeldung gilt: Ruhe bewahren! Danach alle »W-Fragen« durchgehen.

Die **»W-Fragen«** für die Alarmierung:

☞ **Was** ist passiert (Absturz, Lawine, Spaltenunfall)?

☞ **Wann** ist es passiert?

☞ **Wo** ist es passiert? Genaue Lagebeschreibung, wenn möglich mit GPS-Koordinaten!

☞ **Wie** viele Verletzte (Erwachsene, Kinder)?

☞ **Welche** Verletzungen (oder Erkrankungen)?

☞ **Wer** meldet? Für Rückruf Handy-Nummer angeben! Auf mögliche Rückfragen warten, etwa nach den Wetter- und Windverhältnissen!

Das letzte Wort hat immer die Rettungsleitstelle und nicht der Alarmierende – das bedeutet, dass den Anweisungen der Notrufzentrale unbedingt Folge zu leisten ist. Steht man unter Schock oder ist gestresst, stellt man am besten die Frage: »Was wollen Sie wissen?« Die Rettungsleitstelle wird dann die nötigen Fragen stellen.

Alarmierung per Mobiltelefon

Heute erfolgen die meisten Alarmierungen per Handy. Es sollte zur Standardausrüstung beim Bergsteigen gehören. Vielen Bergführern wird inzwischen vom Veranstalter vorgeschrieben, ein Handy mitzuführen. Weite Bereiche der Alpen sind mit einem Netz abgedeckt. Im deutschen Alpengebiet besteht eine Netzabdeckung von 98 Prozent.

Für das Absetzen eines Notrufs muss keine PIN-Nummer eingegeben werden. Die internationale Notrufnummer 112 kann von jedem Handy auch ohne diese Geheimzahl gewählt werden bzw. anstatt der PIN-Nummer eingegeben werden. Häufig gibt es sogar eine Kurzwahltaste. Sollte das nicht funktionieren, kann es hilfreich sein, das Handy auszuschalten, die SIM-Karte zu entfernen und dann wieder einzuschalten. Das Handy sucht sich bei einem Notruf automatisch das stärkste Netz. Hat man selbst auf seinem Gerät kein Netz, ist es das Beste, das Gerät auszuschalten, wieder einzuschalten und anstatt der PIN-Nummer die Notrufnummer 112 einzugeben.

Notruf per Handy.

Sinnvoll ist es, seine eigene Handy-Nummer auf dem Gerät zu vermerken, am besten mit einem Tape-Streifen oder mit einem wasserfesten Stift. So ist garantiert, dass die Rettungsleitstelle auch zurückrufen kann. In der Hektik und Panik wissen viele Leute ihre eigene Nummer nicht mehr. Zudem können dann auch Fremde mit dem Telefon Hilfe holen und die Nummer angeben. Sollte im Gebirge am Unfallort kein Empfang möglich sein, hilft es oft schon, seinen Standort um wenige Meter zu verändern. Am günstigsten sind exponierte Stellen wie Gipfel, Jöcher oder Kuppen.

In Europa gilt meist der internationale Notruf 112. Ist es notwendig, wird man von dort weitergeleitet, zum Beispiel zur Bergwacht (Deutschland) oder Bergrettung (Österreich).

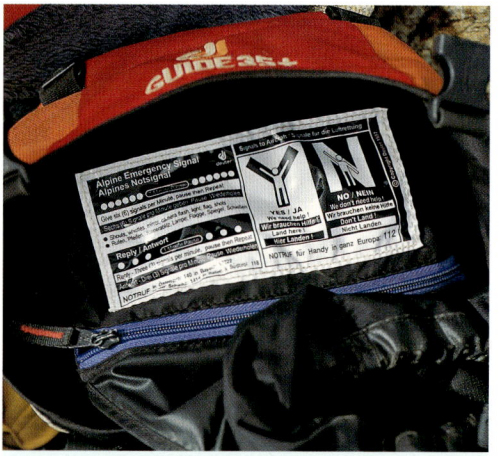

Rucksack mit Notrufnummern.

Tritt der Fall ein, dass – warum auch immer – mit dem Handy kein Notruf abgesetzt werden kann, muss man zu konventionellen Mitteln greifen. Dabei sollte man sich anhand der Karte überlegen, wo die nächste Möglichkeit besteht, den Unfall zu melden. Viele Hütten haben ein Notfalltelefon, das auch erreichbar ist, wenn die Hütte geschlossen ist (Winterraum).

Wenn die Gruppenstärke es erlaubt, gehen am besten zwei Personen zum Alarmieren. Auf keinen Fall sollte jedoch der Verletzte allein gelassen werden. Das ist nur bei einer Zweiergruppe unumgänglich. Für diesen Fall so viel Kleidung und warme Getränke zurücklassen wie möglich und die Lage des Verletzten markieren, wenn vorhanden auch mit einem Lawinenverschüttetensuchgerät.

Unfall-Notruf allgemein

Europaweiter Notruf 112

Deutschland (mit Ortsvorwahl) 19 222
  - Feuerwehr und Rettung 112
  - Polizei 110

Österreich 144
Italien 113
Frankreich 17
Slowenien 94
Schweiz 117

Notruf Berg- und Flugrettung

Deutschland (mit Ortsvorwahl) 19 222
Österreich 140
Italien 118
Schweiz (Rega) 1414
Frankreich 18

Alpines Notsignal

In Not geratenen Bergsteigern steht das Alpine Notsignal zur Verfügung. Es kann als einzige Möglichkeit oder zusätzlich zu anderen Unfallmeldungen verwendet werden, entweder wenn es sehr lange dauert, bis die organisierte Rettung da ist, oder wenn man sich nicht sicher ist, dass die

Einige Rucksäcke haben eine Signalpfeife als Schließe.

Meldung durchgegangen ist oder verstanden wurde (beispielsweise über Funk). Für das Alpine Notsignal wird sechsmal pro Minute ein Zeichen gegeben, also alle zehn Sekunden. Das kann per Pfeifen (viele Rucksäcke haben an den Schnallen inzwischen integrierte Pfeifen) oder durch Rufe (nicht »Hallo«, sondern »Hilfe«) geschehen, aber auch mit einer Lampe oder durch Winken mit dem Biwaksack.

Nach dieser Minute folgt eine Minute Pause, dann wird wieder im Zehn-Sekunden-Abstand alarmiert. Die Antwort von einem vermeintlichen Retter besteht aus einem Signal, das dreimal pro Minute erfolgt, also im Zwanzig-Sekunden-Abstand. Das heißt dann so viel wie: »Wir haben verstanden, dass ihr Hilfe braucht, und kommen oder alarmieren die organisierte Rettung.«

Hubschrauberbergung

Kommt ein Helikopter geflogen, sollte man ihm mit den Armen durch ein »N« für no/nein (nein, man benötigt keine Hilfe) oder durch ein »Y« für yes/ja (ja, man benötigt Hilfe) anzeigen, wie die Situation ist.

»Yes«, wir brauchen Hilfe.

Sobald ein schwerer Unfall mit verletzten Personen vorliegt, sollte man eine Helikopterrettung anstreben. Es ist die schnellste und schonendste Art, einen Verunfallten abzutransportieren. Je nach Wetterlage kann der Helikopter aber nicht immer fliegen. Schon bei der Unfallmeldung kann man der Rettungsstelle mit Informationen über das Wetter und die Geländebeschaffenheit ein wichtiges Hilfsmittel an die Hand geben. Ist das Gelände flach und nahezu eben, kann man eine Fläche markieren, die mindestens 4 mal 4 Meter groß ist. Dabei sollte man darauf achten, dass die An- und Abflugzone auf einer Fläche von 20 mal 20 Metern frei von Bäumen und Leitungen sein muss. Wenn für den Hubschrauber keine Möglichkeit zum Landen besteht, das Wetter aber gut ist, kann eine Rettung immer noch per Winde erfolgen. Für die Helikopter-Einweisung ist es wichtig, dass der Einweiser mit dem Rücken zum Wind steht und sich während des Landevorgangs nicht von der Stelle bewegt. Er ist der einzige Bezugspunkt für den Piloten, wenn Schnee oder Staub aufgewirbelt wird. Lose herumliegende Gegenstände wie Jacken, Mützen oder leere Rucksäcke müssen unbedingt gesichert werden. Sie können ansonsten aufgewirbelt werden und in den Rotor des Helikopters geraten. Eine weitere Hilfe ist es, wenn der Einweiser in einer erhobenen Hand ein Taschentuch oder Ähnliches hält, damit der Pilot eine zusätzliche Information über die Windrichtung hat, solange der Rotor den Bodenwind noch nicht beeinflusst.

Man nähert sich dem Helikopter nur von vorne, in gebückter Haltung und nur auf Zeichen des Piloten.

Einweisung des Heli.

Erste-Hilfe-Set

Ein Erste-Hilfe-Set sollte auf jeder Tour dabei sein, auch auf kurzen Tagesausflügen. Es kann im Notfall Schmerzen lindern und vor Schlimmerem bewahren. Wenn alles zusammen immer fertig und griffbereit in einem praktischen Päckchen aufgehoben ist, wird es weniger leicht vergessen. Wichtig: Wenn man Sachen entnommen hat, das Päckchen nachfüllen!

Grundausstattung:
1 steriles Verbandspäckchen
2 sterile Kompressen
2 Heftpflasterstreifen
(breit und schmal)
1 steril verpacktes Rundum-Pflaster
1 Rolle Tape
3 sterile Klammer-Pflasterstreifen
1 elastische, selbsthaftende
Pflasterbinde
Desinfektionsmittel
Schmerztabletten
Arnika-Wundtuch
Dreieckstuch
Alu-Rettungsdecke
Einmalhandschuhe
Blasenpflaster
Feuerzeug oder Streichhölzer
3 Kabelbinder

Zusätzlich für Mehrtagestouren:
2 sterile Kompressen
1 sterile Wundauflage
1 elastische Acryl-Klebebinde
1 Pinzette
1 Verbandsbinde
Sicherheitsnadeln
diverse Medikamente, Salben, Gels
für Gruppen eventuell gepolsterte Aluschiene (Sam-Splint)

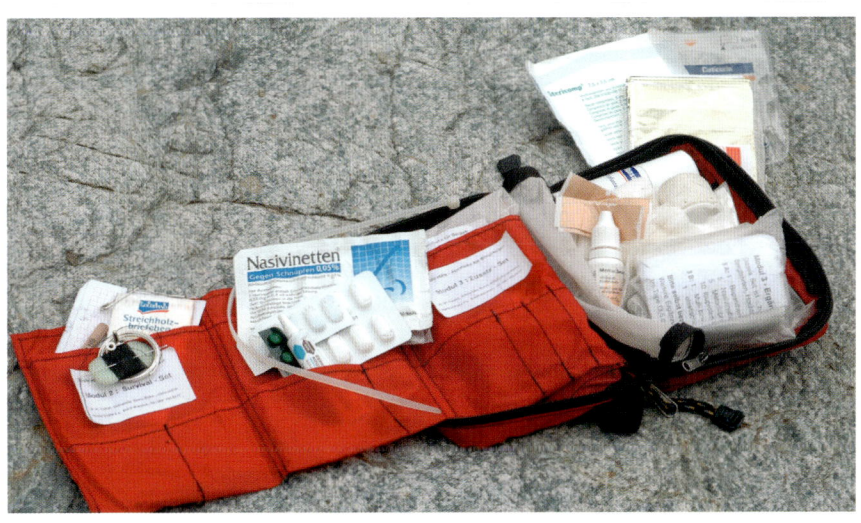

Bergwetter

Grundlagen

Auf das Wetter haben wir keinen Einfluss. Aber wir können uns nach dem Wetter richten und wettergerechte Touren planen. Man kann bei jedem Wetter etwas unternehmen. Wenn es schneit und stürmt, muss man sich eben mit einer Wanderung auf leichten Wegen, vielleicht sogar auf Fahrwegen begnügen. Wobei das bei richtigem Sauwetter schon wieder zu einem Erlebnis werden kann.

Auch Regenwetter kann seinen Reiz haben.

Leider wissen wir fast nie, was das Wetter wirklich bringen wird. Kurzfristige Wetteränderungen können uns zwingen, die Tour umzuplanen oder abzubrechen.

Heutzutage hat man von fast überall die Möglichkeit, einen Wetterbericht via Miniradio oder Handy einzuholen. Das ist sicherlich die Grundlage für jede Tourenplanung. Wie sich dann aber das Wetter vor Ort entwickelt, steht wieder auf einem anderen Blatt. Daher ist es von Vorteil, wenn man zumindest über die groben Hintergründe des Wettergeschehens Bescheid weiß und Wetterzeichen deuten kann.

Wetterberücksichtigung in mehren Stufen:

☞ erste Informationen aus den Medien (Radio, TV, Zeitung)

☞ Detailinformationen (Internet, Wetterdienst)

☞ Wetterbeobachtung auf der Tour

Je langlebiger ein Wetterphänomen ist, desto länger im Voraus und desto sicherer lässt es sich vorhersagen.

Globale Druckgebiete: Der Alpenraum liegt in der gemäßigten Zone. Charakteristisch ist ein häufiger Wechsel zwischen Hoch- und Tiefdruckgebieten. Lange, gleichbleibende Wetterlagen (wie im Sommer 2003) sind die Ausnahme. Die gemäßigte Zone (subpolare Tiefdruckrinne) liegt zwischen der polaren Hochdruckzone und dem subtropischen Hochdruckgürtel.

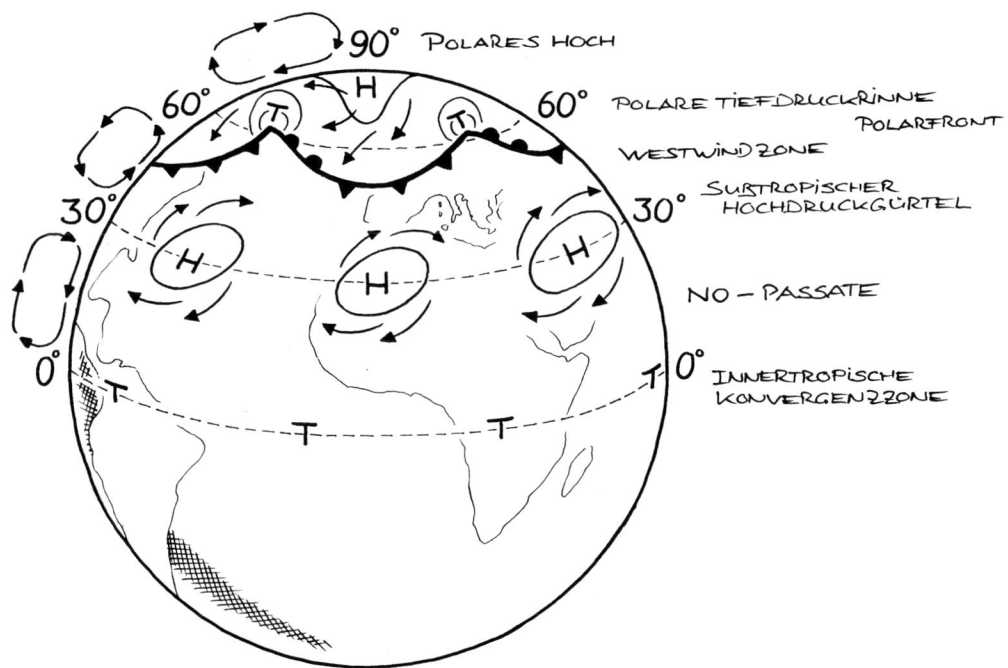

Die Alpen befinden sich auch in der sogenannten Westwindzone, die das Wetter maßgeblich beeinflusst. Es findet eine stetige Vermischung der warmen Luftmassen aus dem Süden mit den kalten aus dem Norden statt. Diese Vermischung ist verantwortlich für das wechselhafte Wetter in Westeuropa.

Luftdruck: Der Luftdruck ist bildlich gesprochen das Gewicht der Luft, die sich über uns befindet. In einem Hochdruckgebiet herrscht ein höherer Luftdruck (die Luft ist dichter) als in einem Tiefdruckgebiet. In den meisten Fällen bedingt der Einfluss von Hochdruckgebieten in den Alpen gutes Wetter, der von Tiefdruckgebieten eher schlechteres, labiles Wetter.

Tiefdruckgebiet: Charakteristisch für ein Tiefdruckgebiet ist, dass sich die Luftmassen in einem Tief gegen den Uhrzeigersinn bewegen. Dort, wo die kalten und warmen Luftmassen eines Tiefdruckgebiets aneinandergrenzen, ist das Wetter schlecht. Diese Zonen sind die Fronten.

Warmfront: Sie stellt die Vordergrenze der heranströmenden Luftmassen dar. Sie ist vertikal stark geneigt, das heißt in der Höhe schon deutlich weiter fortgeschritten als am Boden. Der Aufstieg der Luft bedingt eine ausgedehnte Schichtbewölkung. Oftmals zeigt sich die Warmfront mit einem charakteristischen Wolkenaufzug: Den Beginn machen immer dichter werdende hohe Eiswolken (Cirrus), das Ende stellen Nimbostratus-Wolken dar, die anhaltende Niederschläge bringen. Aber besonders im Sommer ist in den Alpen dieser idealtypische Verlauf eher selten. Nach der Front lockern die Wolken wieder auf, der Warmsektor (hinter der Front) bringt häufig freundliches Wetter, allerdings ist es dunstig und im Sommer sehr schwül. Die Winde kommen oft aus südlichen Richtungen.

Es gibt kein schlechtes Wetter ...

Kaltfront: Dem Warmsektor folgt von Westen die Kaltfront. Meist wird es im Vorfeld der Kaltfront noch einmal relativ schön. Sommergewitter in den Bergen sind ein typisches Indiz für das Heranrücken der Kaltfront. Die Front selbst besteht aus einer Aneinanderreihung von Schauern und Gewitterwolken. Nach dem Abzug der Front nach Osten folgt das Rückseitenwetter. Die Luft ist klar und eher kühl. Sonnige Abschnitte wechseln sich mit Schauern ab. Da die Kaltfront den Föhn zum Erliegen bringt, stellen sich unter nordwestlichen und nördlichen Winden am nördlichen Alpenrand ergiebige Stauniederschläge ein – denkbar ungünstige Bedingungen für Bergtouren.

Bleibt nur die Hoffnung auf das nächste Hoch. Das kann entweder ein Zwischenhoch sein, dann bleiben maximal ein bis zwei Tage für Touren. Es kann aber auch ein umfangreiches Hoch sein. Dann herrschen optimale Bergbedingungen.

Wolken

Die Wolken verraten sehr viel über das Wetter. Allerdings muss man sich recht intensiv damit beschäftigen, um die verschiedenen Wolken erkennen, einteilen und bewerten zu können.

Wolken werden anhand ihrer Form und ihrer Höhenzone in vier Gruppen eingeteilt:

Gruppe 1: hohe Wolken
Höhe 5000 bis 12000 Meter
Cirrus (Ci)
Cirrostratus (Cs)
Cirrocumulus (Cc)

Gruppe 2: mittelhohe Wolken
Höhe 1500 bis 5000 Meter
Altocumulus (Ac)
Altostratus (As)
Nimbostratus (Ns)

Gruppe 3: tiefe Wolken
Höhe 0 bis 1500 Meter
Stratocumulus (Sc)
Stratus (St)

Gruppe 4: Vertikale Wolken
Höhe 500 bis 15000 Meter
Cumulus humilis (Cu hum)
Cumulus mediocris (Cu med)
Cumulus congestus (Cu con)
Cumulonimbus (Cb)

Stabile Hochdrucklage in den Bergen mit Stratocumulus-Bewölkung.

Anhand eines Wolkenfinders lassen sich die Wolken etwas einfacher einteilen, erkennen und bewerten:

Wolken-art	Aussehen	Bezeichnung	Bedeutung für das Wetter
Faser-wolken	Federwolken	Cirrus (Ci)	Einzeln harmlos. Mehr und dichter werdend ein Vorbote für schlechtes Wetter.
Schicht-wolken	Sonne nur leicht verschleiert	Cirrostratus (Cs)	Meist Hinweis auf schlechtes Wetter – Wetteränderung spätestens am nächsten Tag.
	Sonne schwach sichtbar, wie hinter Milchglas	Altostratus (As)	Oft nach Cs. In zwei bis acht Stunden kann Niederschlag folgen.
	Sonne nicht oder nur teilweise sichtbar, mit Konturen und/ oder Lücken	Stratocumulus (Sc)	Wetter bleibt in den nächsten Stunden gleich oder wird langsam besser.
	wie oben, kaum Konturen, diffuse Untergrenze	Stratus (St)	Hochnebel. Häufig bei wind-schwachem Hochdruckwetter.
	wie oben, gleich-mäßiger Regen oder Schneefall	Nimbostratus (Ns)	Aktuelles Wetter kann sich noch länger halten – mehrere Stunden bis zu einigen Tagen.
Haufen-wolken	viele kleine Gebilde, fast fleckenartig	Cirrocumulus (Cc)	Unbeständiges Wetter (Zwischenhoch) – schon bald kann es wieder umschlagen.
	wie Eisschollen	Altocumulus (Ac)	Wenn es weite Himmelsteile überzieht, Zeichen für unbestän-diges Wetter (Zwischenhoch).
	größere Haufen, wie Wattebausch und ...		
	... wenn breiter als hoch	Cumulus (Cu)	Bleiben sie flach, sind sie harmlos (Schönwetterwolken).
	... wenn gleich breit wie hoch	Cu, evtl. Cumuls congestus	Wenn stark in die Höhe quellend, Zeichen für Gewitterwahrscheinlichkeit.
	... wenn höher als breit, oben meist ambossartig	Cumulonimbus (Cb)	Gewitter.

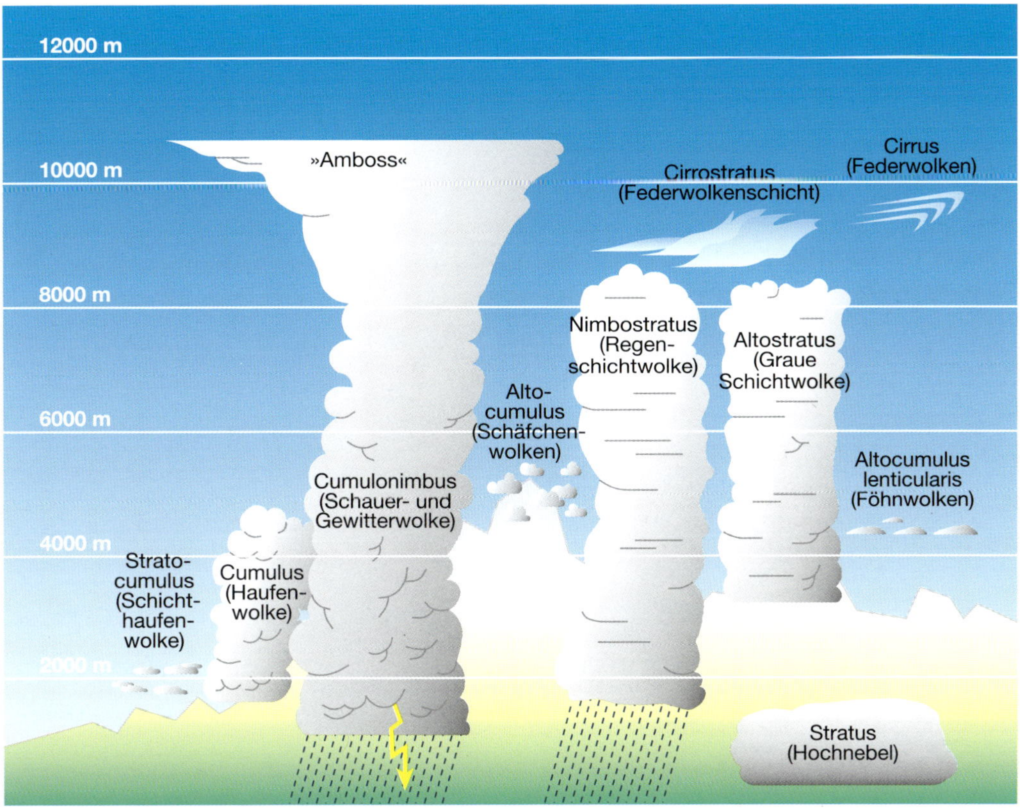

12000 m

10000 m

»Amboss«

Cirrus
(Federwolken)

Cirrostratus
(Federwolkenschicht)

8000 m

Nimbostratus
(Regen-
schichtwolke)

Altostratus
(Graue
Schichtwolke)

6000 m

Alto-
cumulus
(Schäfchen-
wolken)

Cumulonimbus
(Schauer- und
Gewitterwolke)

Altocumulus
lenticularis
(Föhnwolken)

4000 m

Strato-
cumulus
(Schicht-
haufen-
wolke)

Cumulus
(Haufen-
wolke)

2000 m

Stratus
(Hochnebel)

Die Altocumulus-Bewölkung zeigt viel Luftfeuchtigkeit am abendlichen Berghimmel.

165

Föhn

Der Föhn ist ein typisches Phänomen von Gebirgsregionen. Anströmende Luftmassen müssen auf der einen Seite des Gebirges aufsteigen und kühlen dabei ab. Zuerst bilden sich Wolken, beim weiteren Aufstieg und weiterer Abkühlung kommt es in der Folge zu Niederschlägen (kalte Luft kann weniger Feuchtigkeit binden als warme Luft).

Auf der Leeseite des Gebirges sinkt die Luft wieder ab und erwärmt sich dabei. Da sie deutlich trockener ist als auf der Luvseite, ist die Erwärmung pro 100 Meter Höhe größer, als die Abkühlung pro 100 Meter auf der Luvseite war. Denn durch den adiabatischen Prozess auf der Luvseite (beim Aufsteigen der Luft) kühlt die Luft vom Moment des Kondensationsniveaus an nur noch halb so schnell ab (bis zum Kondensationsniveau: 1 Grad pro 100 Meter; ab dem Kondensationsniveau: 0,5 Grad pro 100 Meter), weil bei der Kondensation Wärme freigesetzt wird. Dieser Effekt bedingt, dass es auf der Leeseite auf gleicher Meereshöhe deutlich wärmer ist als auf der Luvseite. Je geringer die Meereshöhe ist, auf der man sich auf der Föhnseite des Gebirges befindet, desto ausgeprägter ist das schöne Wetter.

Föhn- und Staulagen gehören zusammen. Herrscht am südlichen Alpenrand eine Staulage, herrscht auf der Alpennordseite Föhn und umgekehrt. Nur wirken sich alpiner Nordföhn und Südföhn meist etwas unterschiedlich aus. Südföhn (der auf der Alpennordseite schönes Wetter

Typische Föhnwolken in toller Form und Farbe – hält der Föhn noch?

Föhnwolken über den Bergen.

bringt) ist in aller Regel warm. Die Ursprungsluftmassen sind relativ warm und werden durch den Föhneffekt zusätzlich erwärmt. Nordföhn (der auf der Alpensüdseite für klare Luft sorgt) ist hingegen oftmals kühl, denn die ursprünglichen Luftmassen des Nordföhns sind meist deutlich kühler als die des Südföhns. Auch die Tatsache, dass sich die Luftmasse beim Absteigen um 10 Grad pro 1000 Meter (also um 1 Grad pro 100 Meter) erwärmt, kann das nicht so weit ausgleichen, dass es im Süden wirklich warm ist.

Ein charakteristisches Föhnmerkmal sind die Föhnfische oder Linsenwolken. Jeder, der sich hin und wieder in Alpenvorland aufhält, wird diese charakteristischen Wolken schon einmal beobachtet haben. Im Fachjargon heißen sie Altocumulus lenticularis. Charakteristisch ist neben ihrer Form die Tatsache, dass sie nahezu stationär sind.

Bricht der Föhn zusammen, ziehen mehr und mehr hohe Schichtwolken auf – bis die Wolkendecke geschlossen ist. Dieser Vorgang kann sich innerhalb weniger Stunden vollziehen.

Lockere Bewölkung.

Berg- und Talwind

Ostseitige Berghänge werden morgens zuerst von der Sonne beschienen. Die Luft erwärmt sich hier zuerst, im Tal ist es noch kalt. Die aufsteigende Luft erzeugt ein kleinräumiges Tiefdruckgebiet. Da sich unter der aufsteigenden Luft aber kein luftleerer Raum bilden kann, wird kalte Luft aus dem Tal angesaugt. So entsteht am Vormittag der Talwind, der den Hang hinauf und talein bläst.

Sonnenaufgang an einem Traumtag in den Bergen.

Abends, wenn die Sonne untergegangen ist, dreht sich dieser Vorgang um. Durch eine größere Wärmeausstrahlung kühlt sich die Luft am Berg schneller ab als im Tal. Dadurch wird die Bergluft »schwerer«. Am Berg herrscht also ein höherer Druck als im Tal, folglich strömt die Luft nun wieder vom Berg zum Tal, der Wind weht talaus. Diese Windrichtung ist im Laufe der Nacht bis zum frühen Morgen zu beobachten.

Dieser Vorgang findet allerdings nur statt, wenn der Himmel nicht bedeckt ist. Das Phänomen der Berg- und Talwinde sind demzufolge Schönwetterzeichen. Spürt der Bergsteiger morgens in der ersten Dämmerung den Bergwind, kann er davon ausgehen, dass das Wetter schön bleibt. Daher rührt übrigens auch der Spruch: »Einem guten Bergsteiger weht der Wind immer ins Gesicht.« – was aber voraussetzt, dass man früh aufbricht.

Gewitter

Im Sommer, wenn in den Bergen am meisten los ist, bilden sich auch die meisten Gewitter. Die hauptsächliche Gewitterzeit liegt zwischen Mai und September. Gewitter und ihre Folgen stellen für Bergsteiger im Sommer eine der größten Bedrohungen dar.

Häufig lassen sich Gewitter frühzeitig erkennen. Außerdem wird eine Gewitterneigung mit ziemlich hoher Trefferquote vom Wetterdienst vorhergesagt. Im Laufe des Vormittags bilden sich Haufenwolken. Schon der Zeitpunkt, an dem sich die ersten Cumulus-Wolken zeigen, kann ein Hinweis darauf sein, ob Gewitterneigung besteht oder eher nicht. Wenn sich morgens um acht schon die ersten Haufenwolken bilden, ist das ein Anzeichen für einen hohen Feuchtigkeitsgehalt in der Luft. Zeigen sich erst zwischen zehn und elf Uhr die ersten kleinen Wolken, kann das dafür sprechen, dass es kein Gewitter geben wird.

Bleiben diese Haufenwolken breiter als hoch, ist die Gewitterneigung gering. Bauen sich die Wolken aber zu turmartigen Wolken (Cumulus congestus) auf, sollte man die Wolkenentwicklung in Abhängigkeit von der Tageszeit sehr genau beobachten. Je früher am Tag sich diese Wolkentürme bilden, desto größer ist die Gefahr eines Gewitters. Nachmittags um 3 Uhr ist an heißen Sommertagen die Bildung von Quellwolken relativ normal, sollte aber trotzdem weiter beobachtet werden. Gewitter können sich aufgrund der Bedingungen in den Bergen wesentlich schneller entwickeln als im Flachland. Dies sollte man immer im Kopf haben und bei den ersten Anzeichen für ein Gewitter nicht davon ausgehen, dass es noch Stunden dauert, bis das Gewitter sich entlädt. Im Gebirge kann sich ein Gewitter innerhalb von 30 Minuten aufbauen. Hat eine große Cumulonimbus-Wolke die Gestalt eines Ambosses, der oben einen glatten Rand hat und deutlich breiter als die Basis ist, handelt es sich um eine aktive Gewitterwolke. Dann kann man nur noch hoffen, dass das Gewitter vorbeizieht. Allerdings kann man aufgrund der am Boden fühlbaren Windrichtung nicht vorhersagen, wohin sich das Gewitter bewegen wird.

Sich aufbauende Gewitterwolke.

Cumulus Castellanus können sich schnell zu Gewitterwolken ausbauen.

Wärmegewitter sind regionale Erscheinungen. Sie treten vor allem bei starker Wärme in Verbindung mit feuchter Luft auf, meist nach Überschreiten der Tageshöchsttemperatur am Nachmittag oder Abend. Wärmegewitter treten am häufigsten in Gebirgsnähe auf. Nach einem Wärmegewitter ist die Luft angenehm kühl. Von den Gewittern abgesehen herrscht meist gutes Bergwetter.

Kaltfrontgewitter können zu jeder Tages- und Nachtzeit vorkommen. Entladen sich Gewitter am frühen Morgen, kann man mit Sicherheit davon ausgehen, dass es sich um ein Kaltfrontgewitter handelt. Diese Gewitter gehen mit starkem Regen einher und leiten eine Schlechtwetterperiode ein. Innerhalb von Stunden kann die Temperatur um 15 Grad sinken. Kaltfrontgewitter bringen selbst im Hochsommer häufig Schneefall bis unter die Baumgrenze. Allerdings werden heranziehende Kaltfronten vom Wetterbericht mit fast hundertprozentiger Sicherheit vorhergesagt. Für den Bergsteiger bedeuten Kaltfronten meist ein Alternativprogramm.

Warmfrontgewitter sind sehr selten. Allerdings sind Warmfrontgewitter meist nicht oder nur sehr schlecht auszumachen, weil sich die Gewitterwolken oberhalb der Schichtbewölkung bilden und deshalb nicht beobachtet werden können. Warmfrontgewitter sind meist weniger heftig und dauern kürzer.

Tipps zum Verhalten bei Gewittern finden Sie auf Seite 141.

Bauernregeln und Wetterzeichen

☺ Wenn der Hahn kräht auf dem Mist, ändert sich das Wetter oder es bleibt wie es ist.

☺ Hat das Matterhorn ein Schwert, ist das Wetter gar nichts wert. Hat das Matterhorn kein Schwert, ist das Wetter auch nichts wert.

Wenn man sich an diese beiden »Wetterregeln« hält, wird man zumindest immer Recht behalten. Nur bringen sie einem auch nicht viel. Aber es gibt Bauern- oder Wetterregeln, die für Bergsteiger sicherlich ihre Berechtigung haben. Deshalb sollte man sie nicht einfach in den Wind schlagen, sondern sich zumindest anleiten lassen, kritisch zu sein und das Wetter aufmerksam zu beobachten.

Abendrot – Schönwetterbot': Neben der Tatsache, dass die abendliche Rotfärbung des Himmels in starker Ausprägung ein wahres Naturspektakel ist, stimmt die Aussage des Merksatzes. Für ein intensives Abendrot ist eine stabile Hochdrucklage Voraussetzung. Im Zentrum eines solchen Hochs herrscht eine sehr geringe Luftbewegung. Dadurch bilden sich Dunstschichten, welche die Rotfärbung noch einmal intensivieren.

Ein verwandtes Phänomen ist das Alpenglühen. Klassisch ausgeprägt ist es nur an hohen Gipfeln zu beobachten, die deutlich über die restliche Umgebung herausragen. Denn die intensivste Färbung tritt auf, wenn die Sonne zwischen Horizont und vier Grad unter dem Horizont steht.

Da die Sonne im Westen untergeht, ist das Alpenglühen ein Zeichen dafür, dass im Westen keine Bewölkung aufzieht. Eine massive Wetterverschlechterung würde sich aber zuerst im Westen bemerkbar machen.

Abendliches Alpenglühen ist ein Zeichen für gutes Wetter.

Morgenrot – Bergsteigertod: Ein besonders intensives Morgenrot entsteht dann, wenn von Westen Eiswolken (Cirrostratus) am Himmel aufziehen. Die tief stehende Sonne im Osten beleuchtet dann den westlichen Himmel. Dabei leuchten besonders die angestrahlten Eiswolken. Nun ist eine Cirrostratus-Bewölkung aber Anzeichen für eine aufziehende Warmfront – schlechtes Wetter droht.

Bildet der östliche Horizont dagegen nur ein wolkenfreies Farbenspektrum, ist das zumindest kein Anzeichen für langfristige Wetterverschlechterung. Allerdings ist es ein Indiz dafür, dass sich viel Wasserdampf in der Atmosphäre befindet und es so im Laufe des Tages eher zu Gewittern kommen kann.

Gibt Ring oder Hof sich Sonne oder Mond, bald Regen und Wind uns nicht verschont: Auch an dieser alten Wetterregel ist etwas dran. Sonnenkreise (sogenannte »Halos«, oft verbunden mit Nebensonnen) kommen dadurch zustande, dass sich das Sonnenlicht in bestimmten Schichten bricht. Diese Lichtbrechung findet in hohen Wolkenschichten (Cirrostratus) an Eiskristallen statt. Auch hier ist es so, dass die Cirrostratus-Bewölkung wieder die nahe Warmfront ankündigt. Der nächste Tag verheißt nichts Gutes.

Fliegen die Schwalben tief, droht Schlechtwetter, fliegen die Schwalben hoch, bleibt das Wetter schön: Hier handelt es sich um ein Phänomen, auf das man sich ziemlich sicher verlassen kann. Der Grund hierfür sind die Insekten, die sich bei Hochdrucklage in höheren Luftschichten aufhalten. Steht ein Wetterumschwung bevor, flüchten sich die Insekten in bodennahe Luftschichten – auf der Jagd nach den winzigen Leckerbissen folgen ihnen auch die Schwalben.

»Morgenrot, Bergsteigertod«. Eher ein Zeichen für schlechtes Wetter.

Ein Halo (Ring) um die Sonne bedeutet nichts Gutes.

Faustregeln:

☞ Steigt der Luftdruck innerhalb weniger Stunden stark an, ist meist auch die eintretende Wetterbesserung nur von kurzer Dauer.

☞ Steigt der Luftdruck im Laufe eines Tages stark, so ist schönes Wetter zu erwarten – aber nur für die Dauer, in welcher der Luftdruck gestiegen ist.

☞ Stabiles Wetter für mehrere Tage kündigt sich an, wenn der Luftdruck für die Dauer von zwei oder noch mehr Tagen steigt.

☞ Bei fallendem Druck sind Niederschläge wahrscheinlich, wenn gleichzeitig der Wind von Nord oder Ost auf Süd oder Südwest dreht.

☞ Langes und anhaltendes Fallen des Luftdrucks hat meist auch länger anhaltende Niederschläge zur Folge.

Infoadressen und Telefonnummern zum Wetter

www.alpenverein.de
www.alpenverein.at
www.wetteronline.de
www.wetterzentrale.de

www.dwd.de
www.nzz.ch/wetter
Schweiz (aus dem Ausland):
0041/848800162

Mit Kindern im Gebirge

»Mit den Kindern geht das nicht« – eine Aussage, die man von vielen jungen Eltern hört. Zu Unrecht: Meist ist damit eher gemeint, dass einem der Aufwand mit Kindern zu groß ist. Sucht man sich kindgerechte Aktivitäten und Ziele, die auf das Alter der Kinder abgestimmt sind, kann man sehr wohl in den Bergen aktiv sein, wenn man will. Kindern ist es meist egal, ob dabei ein Gipfel erreicht wird. Sie wollen zwar irgendein Ziel haben, aber das kann eine Gumpe an einem Bach sein, eine Alm, auf der es Kühe gibt, oder eine Hütte, auf der sie eine Limo bekommen.

Tourenauswahl

Erstes Lebensjahr (Kinderwagen, Tragetuch): Schon mit ganz kleinen Kindern, die erst wenige Wochen alt sind, kann man schöne Wanderungen unternehmen. Man muss sich dazu nur Ziele aussuchen, die mit Kinderwagen – am besten gefedert und mit großen Rädern – erreichbar sind. Wenn man sich damit beschäftigt, wird man feststellen, dass es in diesem Sinne zahlreiche kindgerechte Ziele gibt. Ob in den Voralpen oder inneralpin, ob in Verbindung mit einer Kabinenbahn oder aus dem Tal, Möglichkeiten sind ausreichend vorhanden.

Touren mit Babyjogger sind in der Regel ziemlich unkompliziert. Den Kleinen ist es ziemlich egal, ob die Tour 1 oder 3 Stunden dauert. Das Geschaukel wirkt meist sehr einschläfernd – allerdings sollte man nicht zu raue Wege auswählen, bei denen die Kinder über längere Zeit durchgeschüttelt werden.

Auch im Winter kann man ausgedehnte Wanderungen unternehmen. Geräumte Winterwanderwege oder Forststraßen laden zu Touren geradezu ein. Im Kinderwagen oder auf dem Schlitten liegend (mit etwas Geschick lassen sich gute Konstruktionen bauen), können die Kinder warm eingepackt werden. Lediglich zum Stillen und zum Wickeln ist es hilfreich, wenn eine Einkehrmöglichkeit besteht.

Im Winter unterwegs mit Babyjogger.

Unterwegs mit Kraxe.

8 Monate bis 3 Jahre (Kraxe):
Sobald die Kinder etwa ab dem achten Monat eigenständig sitzen können, kann man auch wieder Wege begehen, die mit dem Kinderwagen nicht möglich waren. Moderne Kraxen ermöglichen den Kindern ein entspanntes Sitzen (vgl. Kapitel »Ausrüstung für Touren mit Kindern«, S. 181). Das heißt aber nicht automatisch, dass sie über Stunden durchs Gebirge geschleppt werden wollen. Einige Kinder lieben es, in der Kraxe zu sitzen – mit ihnen kann man bei entsprechenden Pausen auch durchaus längere Touren machen. Andere Kinder schreien schon, wenn sie die Kraxe nur sehen. Dann werden die Touren wohl eher kürzer ausfallen. Ob nur 2 Stunden oder länger, ein paar Punkte sollte man immer beachten:

☞ In regelmäßigen Abständen Pausen einlegen, das Kind aus der Kraxe nehmen und herumlaufen lassen.

☞ Wenn das schon möglich ist, das Kind immer wieder selbst gehen lassen.

☞ Genügend zu trinken und zu essen mitnehmen. Bewährt haben sich »Bestechungen« (wie z.B. die Lieblingssüßigkeit), wenn die Tour doch länger wird als geplant.

☞ Interessante Sachen anschauen, stehen bleiben und Tiere oder Pflanzen beobachten, wenn das Kind das will.

☞ Sich mit dem Kind unterhalten. Dabei wird es teilweise so abgelenkt, dass es gar nicht merkt, wie die Zeit vergeht.

☞ Kleidung zum Wechseln mitnehmen.

☞ Nur Wege gehen, die der Kraxenträger absolut sicher begehen kann (da gibt es individuell große Unterschiede). Auch ein kleiner Ausrutscher, bei dem man auf dem Hinterteil landet, ist mit einer Kraxe äußerst ungünstig.

☞ Stöcke, Gräser oder kleine Steine, die man dem Kind nach hinten reicht, sind immer sehr willkommen.

☞ Kinder bei Kälte nicht lange in den Kraxen sitzen lassen! Es muss sichergestellt sein, dass sie wirklich warm eingepackt sind. Kleine Heizpäckchen im Overall sind bei Kälte eine gute Wärmequelle. Große Daunenfüßlinge (gibt es für Erwachsene im Bergsportfachhandel) halten auch die Füße warm.

Eine gute Kraxe ist Voraussetzung für lange Touren.

»Gehkinder«: Die sicherlich kritischste Zeit mit Kindern im Gebirge ist die Übergangszeit vom Getragenwerden in der Kraxe zum eigenständigen Laufen. Das ist in einem Alter von 3 bis 5 Jahren der Fall. Längere Strecken gehen die Kinder noch nicht selbst, aber um lange getragen zu werden, sind sie meist zu schwer. Außerdem haben sie in diesem Alter normalerweise keine Lust mehr, lange in der Kraxe zu sitzen. In dieser Zeit muss man sehr sorgfältig planen und überlegen, was sinnvoll und möglich ist. Eine gute Alternative zu Wanderungen ist das Sportklettern: Sucht man sich gut zugängliche Gebiete mit kinderfreundlichen Einstiegen aus, gibt es für die Kinder reichlich zu tun und »die Großen« sind beschäftigt.

Am meisten Sorgfalt muss man bei der Tourenauswahl walten lassen, wenn die Kinder selbst gehen sollen. Dann ist die Motivation der wichtigste Faktor. Motivierte Kinder gehen ewig weit, oft fragt man sich, woher sie die Energie dazu nehmen. Die entscheidende Frage ist, wie man die Kinder motivieren kann. Eine wichtige Rolle spielt dabei die Art des Weges. Ein Fahrweg, auf dem es nichts zu sehen gibt und neben dem kein Wasser fließt, ist selbst für Erwachsene langweilig. Für Abwechselung sorgen Steige, auf denen die Kinder immer wieder ein Stück kraxeln müssen, die spannend sind, weil sie immer wieder einmal Tiere sehen oder suchen können. Die Zeit vergeht so wie im Flug. Außerdem gehen Kinder im Zweifelsfall lieber hinunter als hinauf. Selbst längere Abstiege sind mit entsprechender Motivation oftmals kein Problem.

Ein anderer Aspekt ist die Zusammensetzung der Gruppe. Müssen Kinder nur mit ihren Eltern und Geschwistern gehen, ist die »Motzgrenze« meist schnell erreicht. Sind hingegen andere Leute dabei, möglichst noch mit gleichaltrigen Kindern, kann es passieren, dass die Kinder lange vor den Eltern am Ziel sind – sofern das Gelände es zulässt, dass die Kinder allein gehen. Allerdings sollten auch die anderen Mitgeher wissen, was sie erwartet. Für Kinderlose, die eine geruhsame Wanderung erwarten, kann ein Trip mit Kindern nervenaufreibend sein.

Tourenplanung mit Kindern: Sobald das möglich ist, sollte man Kinder in die Planung von Touren mit einbeziehen. Das kann im Alter von 4 oder 5 Jahren in Form von Fragen geschehen: Willst du lieber zum Was-

Kinder haben in der Gruppe immer mehr Spaß.

serfall oder zu den Pferden? Bei älteren Kindern kann das aber auch die eigentliche Tourenplanung betreffen. Bindet man sie auch unterwegs in Entscheidungen mit ein, haben sie oft helle Freude daran und gehen begeistert mit.

Mit Kindern auf Hütten: Berghütten bieten Familien oft sehr gute Möglichkeiten zur Freizeitgestaltung. Das größte Problem ist das Hinkommen. Bei gewissenhafter Planung gibt es eine Vielzahl von Hütten, die leicht erreichbar sind. Einige bieten Hüttentaxis an, bei anderen lässt sich der Aufstieg mit einer Gondel verkürzen, und je nach Alter der Kinder ist schon die Möglichkeit für einen Materialtransport (Rucksack) eine Entlastung.

Auf vielen Hütten sind Kinder willkommen.

Sind die Kinder jünger als 6 Jahre, ist es bei der Anmeldung sinnvoll, dem Hüttenwirt zu sagen, dass Kinder dabei sind. Mit kleinen Kindern ist es sowohl für die anderen Gäste der Hütte als auch für einen selbst entspannter, wenn man entweder ein Lager für sich allein hat oder, falls vorhanden, ein Zimmer nimmt. Dann können die Kinder früher ins Bett gehen, und es stört niemanden, wenn die Kinder nachts einmal aufwachen.

Wie kann man Kinder sichern?

Es gibt Passagen, die Kinder nicht allein begehen sollten. Meist kennen die Eltern ihre Kinder gut genug, um zu wissen, ob ihre Sprösslinge eine Stelle sicher meistern können oder gefährdet sind. Manchmal trauen Eltern ihren Kindern aber auch zu wenig zu. Nicht selten sind die Kinder in solchen Fällen besser unterwegs als die Eltern, die meinen, nur weil sie

Die Stöcke sind eine einfache Art, Kindern zu helfen.

sich selbst nicht mehr sicher fühlen, müsse den Kindern das auch so gehen.

Doch es gibt auch Stellen, an denen es nicht anders geht und die Kinder »gesichert« werden müssen. An die Hand nehmen ist dabei die einfachste, aber auch die unpraktischste Möglichkeit. Meist ist das Sichern auf Wegen nötig, die sehr schmal sind und wo es nicht möglich ist, nebeneinander zu gehen. Eine gute Möglichkeit für solche kurze Passagen bieten die Stöcke: Hält sich das Kind an beiden horizontal gehaltenen Stöcken fest, kann man so heikle Stellen überwinden.

Sind die ausgesetzten Wegstücke länger, nimmt man die Kinder am besten ans Seil. Das hat den Vorteil, dass sie lernen, sich in diesem Gelände selbstständig zu bewegen. Sinnvoll ist es, dies mit einem Gurt zu tun. Ist der nicht zur Hand, kann man – um die Folgen eines Stolperers zu begrenzen – den Kindern das Seil auch mal nur um den Bauch binden. Geht es bergauf, bindet man die Kinder wie beim Klettern in ihren Gurt ein (vgl. Anhang »Knoten«, S. 194), wobei in diesem Fall ein indirektes Einbinden mit einem Karabiner absolut ausreicht. Für Abstiege ist es günstiger, wenn das Kind vorne geht, daher fixiert man das Seil hinten am Gurt. So kann sich das Kind frei bewegen, und man hat es trotzdem sicher im Griff. Man sollte sich aber darüber im Klaren sein, dass diese Sicherung nur dann Sinn macht, wenn man selbst absolut sicher unterwegs ist!

Ausrüstung für Touren mit Kindern

Da immer mehr aktive Familien mit ihren Kindern in die Berge gehen, wird auch die Ausrüstung dafür immer besser. Für alle, die nicht nur ausnahmsweise in die Berge gehen, ist es sinnvoll, sich gute und funktionelle Ausrüstung zuzulegen. Oftmals leistet diese Ausrüstung auch im Alltag gute Dienste.

Babyjogger: Am Anfang steht meistens der Kinderwagen. Moderne Babyjogger haben große Reifen. Je größer die Reifen, desto geländegängiger ist das Gefährt. Sinnvoll ist eine wirksame Bremse für längere Abstiege. Auch sollte der Kinderwagen eine Möglichkeit haben, ihn mittels einer Schlinge am Handgelenk zu befestigen, damit er sich in steilem Gelände unter keinen Umständen verselbstständigen kann. Diese Schlinge kann man aber auch leicht selbst anbringen.

Sinnvoll sind auch dicke Reifen und eine gute Federung, die zumindest einen Teil der Stöße schluckt. Ein gutes Regenverdeck und ein Sonnendach sind leider kein Standard. Am besten ist es, die Bestandteile vor dem ersten Ernstfall auszuprobieren.

Kraxe: Kraxen oder Kindertragen gibt es inzwischen von fast allen namhaften Bergsportherstellern, die auch Rucksäcke im Sortiment haben.

Gut aussehen tun viele, aber nicht alle halten, was sie versprechen. Eine verstellbare Sitzhöhe, eine gute Sitzposition und gute seitliche Kopfstützen bzw. Führungen sind wichtig für das Kind. Für die Eltern wichtig ist vor allem ein gutes Tragesystem – und Details: Kleine Netztaschen außen für die Flasche, größere unten für die volle Windel, die nicht unbedingt bei den Keksen im Hauptfach liegen müssen, haben sich bewährt. Eine herausnehmbare Wickelunterlage ist auch nicht schlecht. Bei Kraxen ist ein Sonnenschutz (aufsteckbar oder integriert) sehr wichtig, zusätzlich eine Regenhaube, die optimalerweise über die Beine des Kindes reicht. Unterschiede erkennt man vor allem an diesen Details. Fragen Sie vor dem Kauf Eltern, die schon Kraxen haben – die wissen meist am besten, was gut ist und was nicht.

»Auszeit« in der Kraxe.

Der »Gogo« zählt zu den besonders geländetauglichen Kinderwägen.

Gogo: Ein Exot unter den Kindergefährten ist der Gogo. Er ist mit vielen guten Details versehen und äußerst geländegängig. Man fährt ihn wie eine Schubkarre. Er kann aber im Bedarfsfall auch mit dem Kind darauf auf ein Tragegestell geschnallt werden, um ihn zu tragen. Je nach Version gibt es ihn mit Scheibenbremse und Zusatzrad. Dann kann man ihn auch zum Inlineskaten verwenden (www.my-gogo.de).

Bekleidung: Auch bei der Bekleidung finden sich inzwischen sehr praktische Teile namhafter Hersteller. Sehr funktionell, robust und warm ist winddichte Fleecebekleidung. Problematisch ist allerdings die Wahl der

Funktionelle Kinderbekleidung.

richtigen Handschuhe für Kinder unter 5 Jahren. Entweder sie sind warm, dann können die Kinder damit nicht mehr richtig greifen, oder sie ermöglichen noch ein ganz gutes Greifgefühl, sind aber nicht ausreichend warm.

Ein leidiges Thema ist die Verfügbarkeit: Findet man in den Katalogen der Hersteller inzwischen oft ein gutes Kindersortiment, heißt das noch lange nicht, dass man diese Produkte in den Läden auch bekommt. Ein guter Händler sollte aber die Produkte bestellen, auch in unterschiedlichen Größen. Die funktionelle Bekleidung leistet meist auch im Alltag, vor allem im Winter, hervorragende Dienste. Dadurch rechnen sich dann auch die teilweise hohen Anschaffungskosten.

Schuhe: Namhafte Schuhhersteller bieten schon in den Größen 27 oder 28 ausgereifte, wasserdichte Wanderschuhe an. Die verschaffen den Kindern einen sicheren Tritt, stabilisieren die Fußgelenke und sind nicht nur für Wanderungen, sondern auch zum Toben bestens geeignet. Eine wirklich sinnvolle Anschaffung – und die Kinder ziehen sie auch gern an, weil sie dann genauso unterwegs sind wie Mama und Papa.

Auch die Kinder sollten gute Schuhe haben.

Schneeschuhgehen

Wie meistens bei neuen Sportarten, wurden Schneeschuhgeher noch vor wenigen Jahren belächelt. Bis man es dann irgendwann selbst einmal ausprobiert und festgestellt hat, dass diese Aktivität gar nicht so schlecht ist, sogar großen Spaß macht. Allerdings hat es im deutschsprachigen Alpenraum einige Zeit gedauert, bis sich das Schneeschuhgehen etablieren konnte. Erst mit der »Nordic-Welle« konnte es sich seine Nische im Reigen der winterlichen Sportarten erkämpfen.

Sicherlich liegt die gebremste Begeisterung auch an anderen Faktoren. Zum einen zeichnet sich optimales Schneeschuhterrain dadurch aus, dass es nicht zu steil ist. Leicht ku-

piertes Gelände ist optimal geeignet. Davon gibt es in der Alpenregion nicht allzu viel, zumindest nicht in schneesicheren Gebieten. Zum anderen ist der Anteil der Skiläufer relativ hoch, und eingefleischte Skifahrer wird man in der Regel schwerlich für Schneeschuhe begeistern.

Dabei haben die Schneereifen durchaus ihren Reiz. Das lautlose Wandern durch tief verschneite Wälder hat eine ganz besondere Anziehungskraft. Außerdem ist Schneeschuhgehen nicht besonders materialintensiv. Wer normale winterliche Wanderausrüstung besitzt, muss sich nur noch die Schneeschuhe zulegen, und schon kann es losgehen. Denn auch die Technik ist nicht schwer zu erlernen. Aber ein paar Punkte sollte man doch beachten, zumindest wenn man öfter zum »Snowshoeing« gehen will.

Ausrüstung

Die klassischen alten Schneeschuhe bestanden aus Hickoryholz und Seehundfellen. Ganz so archaisch geht es heute nicht mehr zu. Auch bei Schneeschuhen kommen Hightech-Materialien zum Einsatz. Moderne Schneeschuhe gibt es in zweierlei Formen: Rahmenmodelle und Kunststoffschneeschuhe.

Rahmenmodelle sind im Endeffekt ein moderner Nachbau der alten Version. Ein Aluminiumrahmen wird mit einem sehr stabilen Material bespannt (Hypalon) und mit einer mehr oder weniger aufwendigen Bindung versehen.

Kunststoffmodelle sind aus einem Stück und sehen weniger technisch aus. Meist sind sie deutlich preiswerter als die Rahmenmodelle. Vorteile

Schneeschuh-Rahmenmodell   Kunststoffmodell

im alpinen Gelände haben, so unromantisch sie aussehen mögen, Kunststoffmodelle, unter anderem weil der Rand nicht ein rundes Alurohr, sondern ein eckiges oder sogar profiliertes Kunststoffteil ist und die Schneeschuhe dadurch griffiger sind.

Bindungen für Schneeschuhe reichen von primitiven Riemen bis zu ausgefeilten Bindungssystemen. Bei frei schwingenden Bindungen klappt das »Heck« des Schneeschuhs nach unten, wenn man ihn anhebt. Im Gegensatz dazu gibt es Bindungen, die den Schneeschuh hinten immer etwas anheben. Im Alpenraum scheinen sich die frei schwingenden Bindungen mehr durchzusetzen, weil sie im alpinen Terrain Vorteile haben.

Schneeschuhgehen: Spaß an Bewegung und der Natur.

Wichtig bei der Bindung ist darüber hinaus, dass sie auf den Schuh abgestimmt ist. Was nützt eine Kipphebelbindung, wenn die Schuhe dafür nicht geeignet sind? Im Zweifelsfall sollte man eine Bindung wählen, die mit allen Schuhen kompatibel ist. Bei Bindungen für den alpinen Einsatz ist eine ausgeprägte »Kralle« für verharschtes Gelände vorteilhaft.

Schneeschuhe stoßen auf besonderes Interesse.

Schneeschuhgrößen variieren sehr stark. Grundsätzlich braucht man im Alpenraum keine riesengroßen Schneeschuhe – die sind eher für Trapper und Fallensteller in Lappland geeignet. Mit kleineren Schneeschuhen ist man wendiger, außerdem sind sie leichter. Die Größe sollte sich nach der Schrittlänge richten. Man darf sich nicht auf die eigenen »Füße« treten. Jemand mit großer Schrittlänge kann demnach längere Modelle wählen.

Schneeschuhe gibt es in vielen verschiedenen Ausführungen und Größen.

Es gibt auch Schneeschuhe, die in der Länge variabel sind. Ist der Schnee sehr tief und weich, schraubt man hinten einfach ein zusätzliches Stück an. Das funktioniert sehr gut, ist aber leider nicht ganz billig.

Stöcke: Auch wenn man in den USA nach wie vor deswegen belächelt wird, beim Schneeschuhgehen machen Stöcke durchaus Sinn. Sie helfen das Gleichgewicht zu halten und dienen an steilon Stufen als Schubhilfe. Wichtig sind große Teller, damit man im tiefen Schnee nicht zu sehr einsinkt.

Gehtechnik

In der Ebene: Schwer zu erlernen ist Schneeschuhgehen nicht, aber es gibt doch einiges, was man falsch machen kann. Am einfachsten ist es im ebenen Gelände, mit den »Riesenfüßen« zu gehen. Der Schritt ist dem normalen Wanderschritt sehr ähnlich, weder sollte er deutlich länger sein, noch darf die Fußstellung ungewöhnlich breit sein. Anders wäre ein entspanntes Wandern auch nicht möglich, denn stundenlang mit einer unnatürlich breiten Gehweise durch den Schnee zu pflügen, macht sicherlich keinen Spaß. Machen die Schneeschuhe so ein Gehen nötig, sind es die falschen Modelle, und man sollte sich nach anderen umschauen.

Abstieg mit Schneeschuhen.

Man spart Kraft, wenn man die Schneeschuhe nicht bei jedem Schritt komplett anhebt. Man zieht sie, ähnlich wie beim Skitourengehen, eher hinter sich her. Das mag zwar im ersten Moment komisch klingen, ist auf Dauer aber fast nicht anders möglich.

Bergauf: Ist das Gelände nicht zu steil (etwa bis 25 Grad), ist man meist am besten beraten, in Falllinie aufzusteigen. Werden die Hänge steiler, weicht man zunehmend von dieser geraden Linie ab und geht in steilen Serpentinen hinauf. Ist der Untergrund fest oder hart, werden die Krallen eingesetzt. Mit etwas Übung – und Überwindung – kann man so extrem steil gehen. Dabei sollte man aber nicht vergessen, dass man beispielsweise bei Trittfirn oder wenn es komplett durchgefroren ist immer noch am schnellsten ganz ohne Schneeschuhe unterwegs ist.

Schnell unterwegs.

Für tief verschneites Gelände bietet sich der Entenschritt an. Dabei setzt man die Schneeschuhe nicht parallel zueinander, sondern etwas v-förmig, die Enden enger zusammen, mit den Spitzen weiter auseinander.

Bergab: Das Absteigen ist für Skifahrer immer das Hauptargument gegen das Schneeschuhgehen. Aber nicht jeder kann oder möchte Ski fahren, und nicht jedes Gelände gibt traumhafte Skiabfahrten her. Der Vorteil der Schneeschuhe ist der, dass man für den Abstieg keine ausgefeilte Technik braucht. Ein gutes Bewegungs- und

Uuups, das ging schief.

Gleichgewichtsgefühl ist hilfreich, und wer Ski fahren kann, wird sich vielleicht etwas leichter tun.

In fast allen Fällen ist es das Einfachste, in Falllinie abzusteigen. Ist der Schnee weich, rutscht man bei jedem Schritt ein gehöriges Stück, was das Absteigen beschleunigt. Eines sollte man aber in diesem Fall nicht sein: schneescheu. Denn da man nicht denselben Halt nach hinten hat wie in Skischuhen, wird es immer wieder passieren, dass man rücklings im weichen Schnee landet. Das ist aber weiter nicht schlimm und auch nicht gefährlich, macht im Gegenteil sogar Spaß.

Schwieriges Terrain für Schneeschuhe.

Ist die Unterlage härter, tut man gut daran, zentral über dem Schneeschuh zu stehen. Die Krallen unter der Bindung sollten sauber greifen –
das können sie aber nur, wenn man sie auch belastet, also Gewicht darauf bringt.

Mit Schneeschuhen kann man nur mit dem Gesicht zum Tal absteigen,
was ab einer gewissen Steilheit erhebliche Überwindung kostet. Da ein
Absteigen mit dem Rücken zum Tal nicht möglich ist, bleibt als einzige
Alternative zur Überwindung steiler oder harter und eisiger Stellen, die
man sich vorwärts nicht zutraut, die Schneeschuhe abzulegen. Aber gerade auf hartem oder eisigem Untergrund bringt das nur einen Vorteil,
wenn man Steigeisen (oder zumindest Grödel) dabeihat. Sonst ist man
mit den Zacken und Krallen unter den Schneeschuhen sicherlich besser
dran als nur mit den »nackten« Sohlen. Traversen: Besonders delikat
sind beim Schneeschuhgehen Traversen und Querungen. Zwar sind
Traversen mit modernen Schneeschuhen, die einen gut strukturierten
Unterbau mit vielen Zacken und Krallen haben, inzwischen möglich, angenehm sind sie aber nicht. Meist ist es deutlich schneller und kraftspa-
render, wenn man beispielsweise im Talgrund flach geht und dann am
Ende des Tales steil, aber gerade aufsteigt. Nicht immer ist das möglich,
deswegen sollte ein ambitionierter Schneeschuhgeher auch Traversen
meistern können.

Auf griffigem Schnee zeigen sich Traversen meist noch gutmütig. Die
Schneeschuhe können nebeneinander gesetzt werden, man muss den
Fuß im Fußgelenk lediglich etwas abwinkeln. Auch bei nicht zu tiefem

Große, effektive Kralle für harten Untergrund.

Schnee ist das zweispurige Gehen die beste Methode, um voranzukommen. Drückt man die bergseitige Kante etwas fester in den Schnee, kann es sogar sein, dass man eine fast ebene Spuranlage erzeugt.

Wird der Schnee jedoch tiefer und der Hang steiler, ist mit dem normalen Gehen schnell Schluss. Dann hilft nur noch das einspurige Gehen. Dazu setzt man die Schneeschuhe voreinander, als ob man auf einer Linie laufen würde. Das geht natürlich nur mit relativ kompakten Schneeschuhen, sonst steht man sich ständig selbst auf den Enden.

Zur Not setzt man die Füße voreinander.

Die unangenehmsten Verhältnisse herrschen meist, wenn eine 15 Zentimeter dicke Pulverschneeauflage auf einem sehr harten Untergrund liegt. Denn dann greifen die Krallen der Schneeschuhe nicht im Untergrund, der Schnee bietet aber auch nicht genug Halt. Ergebnis: Man rutscht ständig weg. Das kann so weit führen, dass man sich ein anderes Ziel suchen oder sogar die Tour abbrechen muss.

Praktische Tipps für unterwegs

Wer die ersten Male mit Schneeschuhen unterwegs ist, sollte sich langsam an die Belastung herantasten. Ungewohnte Bewegungsmuster, ständige Konzentration auf die neue Art, sich zu bewegen, das strengt oft mehr an, als man nach den ersten Schritten glauben möchte. Am besten ist es, seine Touren langsam zu steigern, sowohl was die Schwierigkeit als auch was die Länge angeht. Dabei gilt es für diejenigen, die bisher keine Wintertouren unternommen haben, auch den Umgang mit den winterlichen Bedingungen zu erlernen. Beispielsweise kann man bei einigen Minusgraden ohne Weiteres nur mit einem Unterhemd und einem dünnen Fleece bekleidet unterwegs sein. Man ist in Bewegung und strengt sich an, da friert man

Heißen Tee kann man mit Schnee kühlen.

nicht so schnell. Für jemanden, der bei solchen Temperaturen bisher immer nur dick eingemummelt war, ist das gewöhnungsbedürftig.

Bei Pausen ist es dann aber umso wichtiger, sich etwas Warmes überzuziehen. Oft ist es von Vorteil, mit einem Tempo zu gehen, bei dem man nicht oder nur wenig schwitzt. Geht man schneller, ist die Zeitersparnis gering, dafür ist man erschöpft und es droht Auskühlung, weil alles nass geschwitzt ist. Ein Wechselhemd für jeden sowie in der Gruppe ein Paar Ersatzhandschuhe und eine Ersatzmütze sollten immer dabei sein. Ebenso eine Thermosflasche mit heißem Tee. Regelmäßige Pausen, etwa jede Stunde, in denen man etwas isst und trinkt, erhalten das Leistungsvermögen. Und wie bei anderen Touren, gilt auch hier: Der Schwächste in der Gruppe gibt das Tempo vor und ist Messlatte für die Schwierigkeit.

Lawinengefahr

Beim Schneeschuhgehen ist stets zu bedenken, dass man sich im winterlichen Gebirge bewegt. Viele Schneeschuhgeher haben vorher wenig mit den verschneiten Bergen zu tun gehabt; es fehlen ihnen daher oft die notwendigen Kenntnisse in Schnee- und Lawinenkunde. Dieses Thema hier zu vertiefen ist leider nicht möglich. Ein Grundwissen kann man sich mittels einschlägiger Literatur und besser noch eines Lawinenkurses bei einer Bergschule aneignen. Über die momentanen Verhältnisse informiert der Lawinenlagebericht. Viele Gemeinden bieten inzwischen offizielle Wege für Schneeschuhgeher und Winterwanderer an, die von einer Lawinenkommission ständig begutachtet werden. Ist die Lage kritisch, werden sie gesperrt. Wenn sie freigegeben sind, kann man auf die-

Ab hier sollte man wissen, was man tut.

sen Wegen beruhigt unterwegs sein. Will man auf eigene Faust losziehen, sollte man sich gut informieren (siehe Kasten) und sich entweder geführten Gruppen anschließen oder sich lawinenkundliches Fachwissen aneignen.

Dabei lernt man auch den rücksichtsvollen Umgang mit der winterlichen Natur. Denn besonders die Tiere sind im Winter gefährdet. In einer sowieso schon lebensfeindlichen Umgebung können sie übermäßige Ruhestörungen nicht verkraften. Bestes Beispiel sind die Raufußhühner. Vor Menschen zu fliehen kostet sie extrem viel Energie. Gerade mit dieser Energie müssen sie aber im Winter haushalten. Ähnliches gilt für Rotwild, das in sehr tiefem Schnee nur mühsam und unter Aufbringung aller Kraft fliehen kann. In vielen Regionen tragen ausgeschilderte Wege dieser Problematik Rechnung. Bei ausgedehnten Touren abseits der Wege sollte man sich vorher beim Alpenverein, den Hüttenwirten, bei Einheimischen oder beim Tourismusverband informieren. Dort gibt es in der Regel Informationsmaterial, das alle nötigen Infos enthält.

Lawinenlageberichte

www.lawine.org (Links auf alle nationalen Lawinenlageberichte)
www.lawinenwarndienst.bayern.de (bayerischer Lawinenlagebericht)
www.lawine.at (österreichischer Lawinenlagebericht für alle Bundesländer)
www.slf.ch (Eidgenössisches Institut für Schnee- und Lawinenforschung in Davos)
www.provinz.bz.it/lawinen (Lawinenlage für Südtirol)
lawinen.report
avalanches.org

Deutschland		0049-89-9214-1510
Österreich	Tirol	0043-512-508802255
	Vorarlberg	Tonband: 0043-5574-201-1588,
		Beratung: 0043-5574-511 21126
	Salzburg	Beratung: 0043-662-8042-2170
	Oberösterreich	Tonband: 0800-501588
	Kärnten	Tonband: 0043-50536-1588,
		Beratung: 0043-664-6202229
	Steiermark	Tonband: 0800-311588,
		Beratung: 0043-316-242200,
		Fax-Abruf: 0043-316-242300
	Niederösterreich	Beratung: 0043-316-242200 und
		0043-664-8105928
Schweiz		Beratung: 0041-81-417-0111
Frankreich		Tonband (Inland): 08-3668-1020
		Ausland: 0033-8926-81020

Anhang – Knoten

Achterknoten

Direktes Einbinden: Der Achterknoten ist ein universeller, relativ einfacher Einbindeknoten. Für das direkte Einbinden (beim Klettern und überall, wo frei Stürze möglich sind) wird der Grundknoten in Achterform gelegt (Bild 1), das Seil durch die Einbindeschlaufe des Gurtes gefädelt

und dann entlang dem einlaufenden Seil wieder nachgeführt (Bild 2). Der fertige Achter kann gut an seiner Form kontrolliert werden. Das Seilende sollte mindestens 12 bis 15 Zentimeter lang sein und muss parallel zum einlaufenden Seil aus dem Knoten laufen (Bild 3).

Indirektes Einbinden: Für das indirekte Einbinden (am Gletscher, überall dort, wo keine freien Stürze vorkommen können) wird eine Achterschlaufe in das Seil gemacht. Der Knoten ist derselbe wie der oben beschriebene Achterknoten, wird aber mit einer Seilschlaufe gemacht (Bild 1). Die Seilschlaufe wird nun zweimal um das Seil gelegt und dann wieder durch das entstandene Auge zurückgeführt (Bild 2). Die Schlaufe sollte nicht zu lang sein, um nicht unnötig zu behindern. Mittels Karabiner wird die Schlaufe nun in die Einbindeschlaufe des Gurtes eingeklinkt.

Der Halbmastwurf (HMS)

... ist der einfachste Sicherungsknoten, für dessen Anwendung man nur einen Halbmastwurfkarabiner braucht. Man legt ein Auge (Bild 1), nimmt dann das am Kreuzungspunkt hinten liegende Seil und legt es ohne zu verdrehen über das entstandene Auge (Bild 2). Nun klinkt man beide Seilstränge in den HMS-Karabiner ein (Bild 3 und 4).

Der Mastwurf

... ist ein universeller Knoten zum Fixieren von Personen oder Seilen. Sein Vorteil ist, dass er nicht mehr geöffnet werden muss, um die Länge der Seilstränge zu verändern. Man legt zwei Augen: eines, bei dem das

Seil vorne überkreuzt, und eines, bei dem es hinten überkreuzt (Bild 1). Nun legt man das Auge, bei dem das Seil hinten überkreuzt, ohne Drehung über das Auge, das vorne überkreuzt (Bild 2). Beide Seilaugen werden in den Karabiner eingehängt (Bild 3 und 4).

Der Prusikknoten

... ist ein Klemmknoten, der in belastetem Zustand am Seil klemmt, im entlasteten Zustand kann man ihn am Seil verschieben. Er wird vor allem bei der Spaltenbergung benötigt. Man legt die Prusikschlinge halbiert quer zum Hauptseil, sodass sich auf der einen Seite eine Schlaufe bildet (Bild 1). Nun zieht man die beiden freien Enden durch diese Schlaufe: Es entsteht ein Ankerstich (Bild 2). Um einen Prusikknoten zu erhalten, muss man genau dasselbe noch ein zweites Mal machen (Bild 3).

Weiterführende Literatur

Ausbilderhandbuch – Praxis und Theorie, Deutscher Alpenverein

K. Gabel: Bergwetter, Bei Wind und Wetter sicher unterwegs, Bruckmann Verlag

M. Hoffmann: Alpin-Lehrplan 2: Klettern – Technik, Taktik, Psyche, Rother Bergverlag

G. Hofmann / M. Hoffmann / R. Bolesch: Alpin-Lehrplan 6: Wetter und Orientierung, Rother Bergverlag

R. Höh / W. Schwieder: Reise Know-How, Orientierung mit Karte, Kompass und GPS, Reise Know-How Verlag

A. Jentzsch-Rabl / A. Jentzsch: Sicher Klettersteiggehen, Alpinverlag

W. Linke: Orientierung mit Karte, Kompass, GPS, Delius Klasing Verlag

O. Perwitzschky: Klettern, Das Standardwerk, Rother Bergverlag

P. Schubert: Alpine Seiltechnik, Rother Bergverlag

P. Schubert: Klettersteiggehen – Ausrüstung, Technik, Sicherheit, Rother Bergverlag

P. Schubert: Sicherheit und Risiko in Fels und Eis, Bergverlag Rother, Bände 1–3

C. Semmel: Alpin-Lehrplan 5: Klettern – Sicherung und Ausrüstung, Rother Bergverlag

P. Stückl / G. Sojer: Bergsteigen, Bruckmann Verlag

W. Treibel: Erste Hilfe am Berg, Rother Bergverlag

Register

Bergwandern und Bergsteigen sollen vor allem Spaß machen. Gehen Sie raus, erleben Sie die Bergwelt, fühlen Sie den Wind auf der Haut und erleben Sie, wie schön es ist, wenn Sie es geschafft haben, gerade noch rechtzeitig vor dem Regen in der Hütte anzukommen.

Diese Lehrschrift soll Ihnen das notwendige Wissen an die Hand geben, damit Sie Ihre Lust auf die Berge auch allzeit mit ungetrübter Freude genießen können – auch wenn kein Buch dieser Welt die praktische Erfahrung draußen in der Natur wirklich vollständig ersetzen kann.

- Tourenplanung und Orientierung
- Umgang mit Karte, Kompass und GPS
- Gehen auf Wegen, Steigen, Klettersteigen sowie auf Schnee und Eis
- Wann, wo und wie sichern?
- Begehen von Gletschern
- Erkennen und richtiges Deuten von Wetterzeichen
- In den Bergen unterwegs mit Kindern
- Schneeschuhgehen – was sollte man wissen und können?

Olaf Perwitzschky ist staatl. gepr. Berg- und Skiführer und seit über 25 Jahren Redakteur bei der Zeitschrift ALPIN, wo er vor allem die Tests durchführt und die Kultserie »Olaf klärt das schon« betreut. Die Begeisterung für Berge wurde ihm in die Wiege gelegt. Auch heute verbringt er noch jede freie (und viele berufliche) Minuten in den Bergen. Von seiner Weilheimer Wahlheimat hat er die ja quasi vor der Türe.

ISBN 978-3-7633-6032-1

€ 19,90 [D]
€ 20,50 [A]

9 783763 360321

ROTHER.DE